Max Lang

In der Stille wieder leben lernen

via nova

Verlag Via Nova

Max Lang

In der Stille wieder leben lernen

**Die Übung des Schweigens
in einer lauten Welt**

Verlag Via Nova

1. Auflage 2012

Verlag Via Nova, Alte Landstr. 12, 36100 Petersberg

Telefon: (06 61) 6 29 73

Fax: (06 61) 96 79 560

E-Mail: info@verlag-vianova.de

Internet: www.verlag-vianova.de / www.transpersonale.de

Umschlaggestaltung: Guter Punkt, München

Satz: Sebastian Carl

Druck und Verarbeitung: Appel und Klinger, 96277 Schneckenlohe

ISBN 978-3-86616-213-6

Eine greise Eskimo-Frau erzählt:

In alten Tagen feierten wir jeden Herbst
große Feste zu Ehren des Wals,
und diese Feste mussten stets
mit neuen Liedern eröffnet werden,
die von den Männern zusammengestellt wurden.
Man sollte die Geister mit neuen Worten anrufen;
alte Lieder durften nie gesungen werden,
wenn Männer und Frauen tanzten,
um den großen Fangtieren zu huldigen.
Und da hatten wir den Brauch, dass in jener Zeit,
in der die Männer ihre Worte zu diesen Hymnen erfanden,
alle Lampen ausgelöscht werden mussten.
Es sollte dunkel und still im Festhaus sein.
Nichts durfte stören, nichts zerstreuen.
In tiefem Schweigen saßen sie in der Dunkelheit
und dachten nach,
alle Männer, sowohl die alten wie die jungen,
ja, sogar die kleinsten Knäblein,
wenn sie nur eben so groß waren, dass sie sprechen konnten.
Diese Stille war es, die wir „Quarrtsiluni" nannten.
Sie bedeutet, dass man auf etwas wartet,
das aufbrechen soll.

(HALBFAS, S. 300)

INHALT

Aus Gesprächen mit Referenten in der Erwachsenenbildung ergibt sich, dass es vielen Menschen schwerfällt, in die Stille zu gehen. Im Buch sind deshalb – kursiv gedruckt – Übungen und Erfahrungen zur Stille eingefügt. Sie verteilen sich lose über den Text und sollen zum eigenen Stillwerden anregen. Meist handelt es sich um Anregungen im Zusammenhang mit bestimmten Lebenssituationen. Wo es mir geboten erschien, spreche ich Leserin und Leser dabei – ähnlich wie in Kursen und Seminaren – mit einem direkten „Du" an.

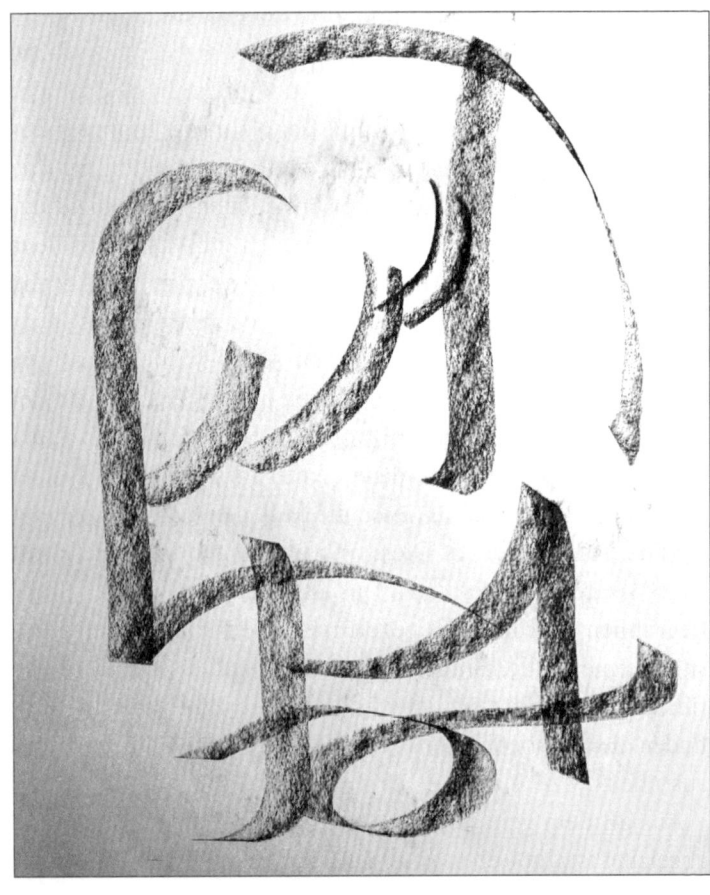

Am Anfang des Lebens

Wenn eine Mutter ihr Kind stillt, so bedeutet das nicht nur, dass sie ihm die Nahrung gibt, die es zum Leben braucht. Es besagt dem Wortsinn nach zugleich, dass sie es ruhig stellt. Auch sie selbst muss ruhig sein, um stillen zu können. In beidseitiger Ruhe erfolgt Gabe und Aufnahme der Nahrung. In ihrem Zueinander nehmen Mutter und Kind eine Körperhaltung ein, die die Ruhe fördert und so das Stillen ermöglicht. Auch eine friedvolle Umgebung wäre förderlich; jedoch im Akt des Stillens verliert alles andere um Mutter und Kind herum an Einfluss und Bedeutung und eine Art Stille entsteht von innen her.

Wenn wir noch weiter zurückgehen, stellen wir fest, dass sich auch der Beginn des gezeugten neuen Lebens aus inniger Bewegung heraus, dann aber still vollzieht. Verborgen im Leib der Mutter wächst es heran. Es dauert eine ganze Weile, bis es über die Möglichkeiten verfügt, sich direkt bemerkbar zu machen.

Stille, stillen, stellen: Diese Wörter hängen ihrer Herkunft nach tatsächlich zusammen. Das altgermanische Wort „Stall" liegt ihnen zugrunde. Es bezeichnet einen Standort, eine Position; eine Stelle. Eingebürgert hat es sich als Bezeichnung für jenen Stellplatz, an den das Vieh verbracht wird. Im Stall finden die Haustiere Nahrung und Schutz. Dort können sie sich ausruhen.

Aus all dem geht hervor, dass die Stille, die von „stellen" abgeleitet ist, im Leben von Menschen und Tieren von Beginn an eine große Bedeutung hat. Bald kommen andere Phänomene hinzu, etwa die Geräusche bis hin zum Lärm und die Bewegung bis hin zur Raserei. Sie stehen im Kontrast zur Stille und sind zur Bewältigung des Lebens ebenso notwendig.

Im Allgemeinen sorgt der Ausgleich zwischen Ruhe und Bewegung für ein gedeihliches Leben. Mal ist das eine dran und mal das andere.

Wenn aber Bewegung und Lärm überhand nehmen, tut es gut, auf die Stille zurückgreifen zu können. Doch so sehr der Mensch sicherlich die Stille am Anfang seines Lebens genossen hat, so wenig kann er sich an diese frühkindlichen Erfahrungen wohl noch erinnern. Wenn danach die Momente der Stille nicht mehr weiter gepflegt und geübt worden sind – und dies scheint heute bei vielen Menschen der Fall zu sein – dann müssen sie anfangen, sie leise wieder zu finden. Dabei werden sie entdecken, dass die Stille noch sehr viel mehr für sie bereithält als im frühkindlichen Geschehen.

Die Übung der Stille legt verborgene Schätz frei.

Wenn es still wird

Wenn es still wird auf breiten Straßen, in Gassen und auf weiten Plätzen, über Tälern und Bergen, in einem Konzertsaal oder in einem Stadion; wenn es still wird im eigenen Inneren – dann liegen diesem Stillwerden bestimmte Umstände zu Grunde.

Es sind ganz verschiedene Ereignisse und Situationen in ihrem Wechsel, die die Stille hervorrufen. Das Licht des Tages weicht dem Dunkel des Abends; ein besonderer Augenblick im Sport oder in einem Theater kündigt sich an; eine Befürchtung bewahrheitet sich – und es wird still.

Wenn sie einkehrt, tritt die Stille auf, als wolle sie die von einem Ereignis Betroffenen einer größeren Aufmerksamkeit zuführen. Vielleicht möchte sie damit gerade jene Menschen besonders beschützen, die für eine plötzliche oder dauerhafte Herausforderung viel innere Kraft brauchen, zu der sie sich erst sammeln müssen, um sie dann einzusetzen. Den vom Stress des Alltags geplagten Menschen gewährt sie kurzfristig Luft zum Atemholen, eine Pause, in der sie sich ihrer selbst wieder deutlicher bewusst werden.

In tieferer Wahrnehmung eröffnet sie einen zeitlosen Augenblick, ein Schauen nach innen, in dem sich jene Gedanken finden lassen, die weiterhelfen.

Ob sie aber wirklich weiterhilft und Auswege fördert, das ist im Moment der unmittelbaren Stille, dann, wenn sie eintritt, noch völlig offen. Dem einen verschafft sie Beruhigung und versetzt ihn so in die Lage, diesen Augenblick und den nächsten zu bestehen. Ein anderer verdrängt die Gedankenkaskaden oder die helle Panik eines Augenblicks schnell, der Ansturm des Daseins schiebt sie zurück.

Stille vermag dasselbe, was der Dirigent Nikolaus Harnoncourt von der Musik gesagt hat. Sie „kann in Abgründe schauen lassen und vollkommen glücklich machen".

Ich unterbreche das Schreiben für eine kleine Auszeit – ist das richtig gesagt? Oder ist es nicht vielmehr genau umgekehrt, nämlich, dass ich vorhin die Stille zugunsten des Schreibens unterbrochen habe? Oder bin ich noch nicht so weit, dass ich die Stille mit in das Schreiben hineinnehmen kann? Oder braucht es einfach beides, einen Rhythmus aus Tönen und Stille, aus Aktion und Kontemplation, in dem sich das eine jeweils dem anderen zuordnet?

Mir scheint, ich denke zu viel. Jedenfalls lege ich den Schreibstift weg, steh auf und suche die Stelle auf, die ich in meiner Wohnung für die Meditation eingerichtet habe. Schon ist die Kerze angezündet und der Sitz eingenommen. Ich schlage eine Klangschale an. Sie soll den Eintritt in ein anderes, ein eigenes Jetzt-da-Sein andeuten.

Doch die Gedanken sind mit mir mitgekommen und wollen mich gar nicht gern loslassen. Indem ich meine Aufmerksamkeit und mein Vertrauen auf den Atem richte, weichen sie zurück. Ich nehme wahr, wie sich die Bauchdecke mit den Atemzügen hebt und senkt, wie dieses Heben und Senken immer ruhiger und tiefer wird und mir Stille verschafft. Die Länge der Züge gewährt mir die Zeit, den ganzen Körper und somit auch den Geist mit frischem Atem zu erfüllen.

Doch wieder schleicht sich ein Gedanke heran, eine Idee für eine Formulierung in dem Buch, an dem ich gerade schreibe. Ich merke, wie der Atem dabei sogleich flacher wird. Da kehre ich in einem Augenblick wie von selbst zum tieferen Atem zurück... und verbleibe... und so sitze ich eine ganze Weile einfach nur da.

Als ich zum Schreibtisch zurückkehre, ist eine kleine Botschaft angekommen. Die Stille sagt mir: Lass es noch ruhiger angehen, nimm noch etwas Tempo raus bei deiner Arbeit. Du musst hier kein schnelles Produkt abliefern, auch wenn vielleicht niemand den Unterschied merkt. Lass die Gedanken zu dir kommen, statt sie im Schnellverfahren anzusteuern in der Hoffnung, dass sich da im Sperrfeuer deiner Anstrengung das eine oder andere gute Wort schon finden wird. Und nimm dir immer wieder die Zeit, deine Gedanken zu ordnen und einem brauchbaren Aufbau des Buches zuzuführen, der dazu verhilft, das Gelesene zu verstehen.

Und jetzt hol dir doch erst noch eine Mandarine, bevor du wieder ans Schreiben gehst – aber fang jetzt auch nicht an zu trödeln.

Es ist immer die je konkrete Situation, an der sich entscheidet, ob ich die Stille aufsuchen oder auch vermeiden will. Je nach Lage ist sie mir willkommen oder ungelegen, empfinde ich sie als wohltuend oder belastend. Was ist die Stille? Ja, sie kann schwer wie Blei auf mir liegen. Sie kann mir aber auch den ruhigen Augenblick verschaffen, der eine Erkenntnis eröffnet. Sie kann mich beruhigen oder kann mich langweilen. Sie kann mir auch befreiendes Glück bedeuten: Endlich Ruhe! Kein Lärm mehr!

Für sich selbst genommen ist die Stille eigentlich nichts. Da ist nichts. Da rührt sich nichts. Nur Stille findet statt. Oh!

Da ist jedoch auch jene Stille, die eintritt, wenn Eltern die Nachricht vom Unfalltod ihres Kindes überbracht wird. Diese Stille gleicht einer Folter. Die Stille des Zurückgeworfenseins, das sich aus einer Verlassenheit ergibt, scheint schier vom Leben abzuschneiden. Das Schweigen unter Freunden oder Lebensgefährten kann sich schwer auf die Beziehung senken und dies ist dann keine Stille mehr, die den Beteiligten noch gut tut.

Wenn es auf diese Weise still wird, ist es kein Wunder, dass viele Menschen die Flucht vor ihr ergreifen und ihr Heil im Lärm suchen oder auch im Rausch. Sie vermeiden und verdrängen, was ihnen unangenehm ist und „no fun" bereitet. Anstatt sich zu stellen, überlässt sich der Flüchtling stampfenden Rhythmen. Sie lösen ihn aus seiner Not und Langeweile. Er kann sich ganz in den Beat hineingeben und sein belastetes Dasein für Augenblicke vergessen.

Ein anderer versucht es, je nach Geschmack, mit grandiosen Symphonien, mit erotischen Abenteuern, mit sportlichem Adrenalinkick oder mit multipler Wellness. Es läuft alles auf dasselbe hinaus; die Stille bleibt außen vor. Was soll sie auch bringen?

In dieser Art von Bewältigung des Lebens wird die Stille nicht mehr als das wahrgenommen, was sie eigentlich ist, sondern nur noch als das, was von anderen Einflüssen her dabei empfunden wird.

Wenn überdies das Alltagsleben keine Zeit für lebendige Stille einräumt, wenn der arbeitende Mensch nur noch zum Produktionsfaktor verzweckt wird, wenn Notwendiges zu sagen ausbleibt, wenn Kälte und Härte den Umgang der Menschen miteinander beherrschen – dann wird eben die Nacht mit ihren vielen bunten Lichtern zum Tag gemacht, um wenigstens dann noch zu erleben und zu genießen, was tagsüber nicht vergönnt und möglich war. Oder man überlässt sich den Angeboten des Computers.

Da sich mit all diesen Bemühungen dem Überdruss auf Dauer nicht entkommen lässt, beschleunigen sich die Bedürfnisse nach Lustgewinn und Befriedigung. Immer mehr „Zeug" ist nötig, um wenigstens für eine gewisse Zeit „glücklich" zu sein. Hierfür steht eine gigantische Unterhaltungsindustrie bereit. Alle Wünsche scheint sie zu erfüllen, alle Bedürfnisse befriedigen zu können. So fällt es nicht schwer, den Genuss bis hin zum Rausch immer noch intensiver zu steigern.

Dass bei solcher Lebensweise die Bereitschaft und die Geduld, auch weniger erfreuliche Situationen auszuhalten, deutlich abnimmt und sich statt dessen ein gewaltiges Aggressionspotenzial aufbaut, das sogar schon bei Kindern und Jugendlichen mitunter in exzessiver Weise zum Ausdruck kommt, liegt auf der Hand.

In „A day in the life", einem alten Song der Beatles, kommt der gesamte Vorgang gut zum Ausdruck. Zweimal singt John Lennon den Refrain „I'd love to turn you on" – „Ich mag es, dich anzumachen" – und daraufhin hebt ein gefühlt riesiges Orchester an, sich zu einem gewaltigen, immer lauter werdenden Klangbild hochzuschrauben, von gefährlich wirkenden Rhythmen durchsetzt, die sich mit der Zeit auflösen, bis mit einem ungeheuren Knall das Ganze zerplatzt. Nach dem zweiten Anlauf des Orchesters aber, nach dem großen Knall und einer kleinen verhaltenen Pause, erklingt ein starker Klavierakkord, der langsam, sehr langsam leiser wird und verklingt, bis es schließlich ganz still ist.

Wenn es auf diese Weise still wird, am Ende der Vergnügungsschiene und der Kämpfe, nach lauten Nächten und heißen Kicks, dann ist vielleicht der Boden bereitet für jene Stille, die nicht mehr lastet, sondern trägt.

Es nimmt nicht Wunder, dass die Beatles auf diesem Höhepunkt ihres musikalischen Schaffens einen indischen Guru aufgesucht haben, um ihrerseits dem Lärm zu entkommen und die danach entdeckte Stille zu kultivieren.

Die in ihrem Stück zum Ausdruck gebrachte Beschleunigung der Zeit durch die immer rasanteren und komplizierteren Abläufe im Alltag, die Fremdbestimmung und Verzweckung des Menschen durch wirtschaftliche und politische Macht- und Gewaltausübung, die oftmals allzu aufdringliche Berieselung mit Reizen und Daten – diese Vorgänge wirken sich auf die Menschen und ihr Zusammenleben mit Natur und Mitmensch nicht gut aus. Beziehungen verkümmern oder werden mit überzogenen Ansprüchen überfrachtet. Viele Einzelne sind den Anforderungen des Daseins nicht mehr gewachsen. Süchte verschiedenster Art breiten sich aus, je nach vermeintlicher Bedürfnislage. Wo der Mensch nur noch funktionieren soll und sein bisschen Glück aus der Konsumindustrie herauszuholen sucht, bleibt sein Menschsein selbst mit der Zeit auf der Strecke. Einige kommen aus dem Bannkreis der Sorgen oder der Affekte nicht mehr heraus, manche sterben daran; erfülltes Dasein als Mensch sieht anders aus.

Jedoch, was die Stille betrifft, die unter solchen Umständen kaum noch möglich ist: Wozu soll sie eigentlich gut sein? Wofür braucht es ausgerechnet die Stille? Ist sie nicht sogar hinderlich im Tempo unserer Zeit, wie mir ein befreundeter Manager unlängst entgegenhielt, in den Produktionsabläufen und im Bemühen um Lustgewinn?

Wenn sich aber herausstellen sollte, dass die verloren gegangene Fähigkeit, still zu werden, einen großen Verlust für das Menschsein an sich bedeutet, dann muss nachgefragt werden: Lässt sich das Stillwerden wieder erlernen, und zwar so, dass sie sich inmitten unserer umtriebigen Zeit behaupten kann?

Wir werden sehen.

Ein erster Hinweis darauf, dass Stille auch wertvoll und hilfreich sein kann, besteht darin, dass auch andere Erfahrungen mit ihr möglich sind als jene, die eben beschrieben wurden. Denn es gibt nicht nur jene Stille, die als unangenehm empfunden wird, die lähmt und lastet und in Abgründe schauen lässt – die einsame und bleierne, ja tödliche Stille.

Ebenso können sich friedvolle Empfindungen einstellen, wenn es still wird. In solcher Wahrnehmung der Stille senkt sich wohltuende Ruhe in das Innere, in Geist und Herz. Die Unrast kommt zum Stillstand. Für diesen Augenblick muss nichts getan werden. Friede macht sich breit, heitere Gelassenheit. Ich kann, ich darf aufatmen und für eine Weile in eine entlegene Ecke meines Gemüts stellen, was mich bedrängt und aufregt. Der Geist wird eingerichtet, statt sich in Dieses und Jenes und alles Mögliche hinein zu verzetteln.

Aus dieser Ruhe heraus kommt Freude auf, ein inneres Leuchten, geradezu ein Glücksgefühl. Es durchströmt mich schon mit einem Atemzug. Leicht, und besonders bei erschöpften Menschen, kommt bei diesem Stillwerden gern eine wohltuende Trägheit auf.

Wer dabei nicht ins Dösen oder Träumen abdriftet, sondern wach bleibt, kann nunmehr seine Umgebung und alles andere und sein eigenes Inneres klarer und intensiver wahrnehmen. Eine neue Kraft zur Bewältigung des Alltags wird dabei wachgerufen.

Schon früh ist diese Stille erfahrbar. Ein Kind steht zu Hause vor einem Christbaum und nimmt erstmals bewusst wahr, was es da sieht. Die Kerzenlichter verbreiten stillen Glanz. Der Duft des Baums erfüllt das Zimmer. Friedvoll ist es um ihn und das Kind lässt sich davon erfassen, steht nur da und schaut und staunt. Sprachlos ist es geworden, aber nicht aus Sorge, Angst oder Trauer, sondern in Hingabe an diesen Augenblick.

Dieser Vorgang lässt sich beliebig wiederholen: Suche dir einen Gegenstand oder eine Pflanze, die vielleicht schon lange in deiner Wohnung steht, stelle sie vor dich hin und schaue sie an, als würdest du sie zum ersten Mal sehen. Und in längerer Betrachtung geschieht es vielleicht wirklich erstmals, dass du sie wahrnimmst und auch die Stille, die von ihr ausgeht. Und so mag es geschehen, dass du etwas von ihrem Wesen erkennst.

Viele solcher Momente der Stille gibt es: beim Schauen von einer Anhöhe aus über eine weite Landschaft, in der unverhofften Begegnung mit einem Bild in einem Museum, im Glück der Zärtlichkeiten Liebender, im Aufschauen zu einem Himmel voller Sterne und einem guten Mond, der stille geht... Wir ersehen daraus, dass diese Stille nicht absondert, abkapselt, verängstigt und einsam macht, sondern dass in ihrer Stunde Verbindung und Begegnung stattfindet, ein tiefes und besonderes Zueinander, das zugleich Annahme ist und sogar Vereinigung mit dem Gegenüber. Wo die negativ besetzte Stille oder die Unfähigkeit zum Stillsein dazu führt, vor ihr zu fliehen, da entsteht in der guten Stille gerade das Gegenteil, nämlich eine tiefe Sehnsucht nach ihr und nach dem, was sie uns zeigt. Und aus jenem Sehnen heraus mag dann der Wunsch entstehen, immer wieder in die Tiefe der Begegnung hineinzufinden, die die Stille eröffnet und ermöglicht.

Und, so naiv es sich auch anhört – wäre es nicht schön, wenn sich die ganze Welt von solcher Tiefe erfassen ließe?

Das alles also vermag die Stille. Die ganze Bandbreite der menschlichen Empfindungen vermag sie auszulösen und zu vertiefen und sogar ins schier Unermessliche hinein zu steigern: Freude und Angst, Unruhe und Frieden, Glück und Not und alles andere. Und ebenso ist es mit den Gedanken, die aus ihr heraus entstehen.

Jedoch, die Darstellung dessen, was geschieht, wenn es still wird, wäre unvollständig ohne einen weiteren Hinweis. Dieser mag zunächst rätselhaft erscheinen. Vielleicht lässt er sich erst im weiteren Verlauf der Erschließung der Stille näherhin klären.

Es wurde behauptet, dass Stille zumeist immer nur das ist, was dabei empfunden oder gedacht wird. Demnach wäre sie stets mit bestimmten Gefühlen belegt oder auch belastet. Daraus ergibt sich dann unter anderem eine Einstellung zur Stille, die darauf ausgerichtet ist, sie – je nachdem – zu suchen oder zu vermeiden.

All diese Empfindungen und Bestrebungen gehören jedoch in erster Linie zum Menschen. Sie gehören nicht an sich zur Stille selbst. Dies würde bedeuten: Gäbe es eine solche Stille an sich, die von Menschen ganz unabhängig, reine Stille ist, und würde es einem Menschen gelingen, ganz in diese hineinzugehen, so wäre diese Stille vollkommen frei von jeglicher Empfindung und allen Gedanken.

Ein solches „Sein in der Stille" mag unerreichbar erscheinen. Es wäre nicht weiter benennbar. Doch auch dieses Sein kann sich einstellen – wenn es still wird.

Wie dieses Buch
und seine Bilder entstanden sind

Alles Schreiben und Sprechen über die Stille setzt voraus, sich selber dem Schweigen auszusetzen. Selbst in die Stille gehen, sich ihr öffnen: Das bedeutet weit mehr, als gelegentlich und beliebig von der Stille heimgesucht zu werden und sie dann – je nachdem – zu ertragen oder zu genießen. Wenn es still wird, so ist das erst ein Anfang, eine Eröffnung.

Um still zu *sein* oder ganz selbst Stille zu sein, gilt es, diesen Anfang immer wieder von Neuem wahrzunehmen und von dort aus weiter auszuschreiten. Es geht also keineswegs nur darum, darauf zu warten, dass sich die Stille beliebig und zufällig einstellt. Es ist ebenso, ja mehr noch vonnöten, sie selber aktiv aufzusuchen: regelmäßig, immer wieder, jeden Tag, jede Woche, Monat für Monat, über viele Jahre hin, stetig. Erst dann wird sie zu einer Schule, einem Übungsfeld für Körper, Atem, Geist, Gemüt, Wahrnehmung und Bewusstsein. Sie wird den, der sich auf sie einlässt, beispielsweise daraufhin überprüfen, wie sehr er sich ihr gegenüber öffnen kann – auf dem Hintergrund der Lasten und Freuden des Alltags, die er ja in die Übung der Stille mit einbringt. Erst mit der Zeit, in den Jahren der Übung wird diese Offenheit ohne Vorbehalte und unabhängig von den Lasten und Freuden stets gleichbleibend groß sein.

So sind also den Worten und Bildern in diesem Buch viele Jahre des Schweigens vorausgegangen. Doch auch jetzt umschreibt es nur einen Zwischenstand, ein vorläufiges Ergebnis; nichts Endgültiges. Der Weg der Stille endet nie.

Eine so lange Vorlaufzeit, um dann erst ein Buch dazu zu schreiben, ist heutzutage ein Luxus. Denn wir leben ja als moderne Menschen unter dem Verdikt schnellstmöglich zu optimierender Wort- und Bildproduktionen. Dies verleitet dazu, oft schneller zu reden als zu denken. Nicht auf gut überlegte Wortbeiträge kommt es heute an, sondern auf Schlagfertigkeit, in der das Wort zur Waffe wird. Und die zudem täglich über den Konsumenten hereinbrechende Bilderflut überschreitet schon längst dessen Aufnahmefähigkeit. Die Worte und Bilder werden damit inflationär und beliebig. Wenn aber alles egal ist, wo findet der Mensch dann seine ihm eigene geistige Heimat? Wo sind unter dem ganzen Wust der Worte und Bilder jene Orte und Gebräuche, die ihm helfen, die inneren Wurzeln zu schlagen, durch die sich genau das herausbilden kann, was er ist und sein will und nichts anderes: sein Wesen, seine Identität?

Eine Gesellschaft lebt von den sie prägenden vergangenen und gegenwärtigen Prozessen und Ereignissen; eine Weltanschauung oder Religion nährt sich aus ihren Gestalten und Geschichten. Was aber geschieht, wenn all das von der allgemeinen, zumeist von profitorientierten Märkten gesteuerten Wort- und Bilderflut so sehr relativiert und geschluckt wird, dass die prägenden Wurzeln einer Gesellschaft darin untergehen und kaum mehr bekannt sind? Wer kennt sich da noch aus? Was ist beispielsweise davon zu halten, dass in einer Realschule auf dem Land kaum noch die Hälfte der Hände hochgeht, wenn die Lehrkraft ihre Klasse nach ihrem Wissen über die Bedeutung von Weihnachten fragt? Wie feiern die anderen Schüler dieses Fest – ohne den Grund dafür zu wissen?

Derartiges Feiern verbleibt beim bloßen Austausch von Geschenken, garniert von glitzernder Zierdekoration. Um das Eigentliche dieser Feier ist es still. Da ist keine Stille einer „Heiligen Nacht" mehr, sondern eher eine Grabesstille, die in ihrer leeren Hohlheit lediglich die Fassaden aufrechterhält.

Gewiss, auch unter solchen Umständen kann sich die Liebe ihre Bahn suchen und die Herzen der Schenkenden wie der Beschenkten erfassen. Auch dann kann sich also Wesentliches ereignen. Aber dass sie sich auch wirklich einstellt, das wird bei einem rein profan gefeierten Fest eher zum Zufallstreffer.

Nicht selten flüchten Menschen heute vor solchem Geschehen. Und nicht wenige finden heutzutage zur Stille, weil sie den Frust über die wort- und bilderreiche Beliebigkeit nicht mehr ertragen. Es gäbe noch andere Alternativen: dem ganzen Rummel den Rücken kehren, auswandern… Der Frust zeigt eine Übersättigung an. Er ruft die Sehnsucht nach innerer Verankerung hervor, nach geistiger Heimat. Aber die Stille bietet hier zunächst nur eine vorübergehende Beruhigung. Schnelle Lösungen liegen ihr nun mal nicht. Um tatsächlich zu einem Ausweg aus dem Dilemma einer ruhe- und weitgehend inhaltslosen Umgebung zu führen, muss sie immer wieder und über einen langen Zeitraum hin aufgesucht werden.

Auf meinem eigenen Weg in die Stille stellte sich recht bald die Erfahrung ein, dass es dazu einen Weg-Weiser, Weg-Begleiter und Lehrer des Weges braucht. Allzu lange wäre ich sonst auf einem eher bescheidenen Entwicklungsstand verblieben oder gar auf einen Irrweg geraten. Gewiss, auch ein Autodidakt kann in die Stille finden, er benötigt dazu jedoch eine hohe Begabung, die selten vorhanden ist. Auch wenn also jemand eher auf eigenes Suchen und Finden hin veranlagt ist, sollte er sich eine Lehrerin, einen Lehrer suchen. Die Lehrkraft benötigt bei solch individuellen Schülern eine besondere Klugheit – eine „Klugheit der langen Leine", die dem Schüler viel Raum und Zeit lässt, sich zu entwickeln. Überdies sollte sie einen seriösen und insbesondere einen nichtkommerziellen Hintergrund haben und selber Stille ausstrahlen und vorleben können.

An dieser Stelle möchte ich etwas dazu sagen, wie ich mich selber meinen Lesern gegenüber verstehe. Mit meinen Worten und Bildern erhebe ich nämlich meinerseits keineswegs den Anspruch, ihnen ein Lehrer zu sein – schon abgesehen davon, dass Fernlehrgänge in Sachen Stille wohl nur bedingt ertragreich sind. Andere zu ermahnen, zu korrigieren oder gar darüber zu belehren, wie sie zu leben hätten: Das liegt mir nicht. Vielmehr sehe ich für mich die Aufgabe eines Begleiters – wohl wissend, dass jeder Mensch seine eigene Geschichte hat und einen persönlichen Umgang mit den Dingen des Lebens finden und üben muss. Mein Buch kann ihn dabei begleiten und anregen und mit den darin enthaltenen Kenntnissen zu eigenem Denken, Fühlen, Üben, Tun und Lieben anregen.

1. Die Worte

Was nun die Worte betrifft, die hier die langjährig geübte Stille zur Sprache bringen sollen, so ist zunächst nochmals darauf hinzuweisen, dass sie aus eben dieser Stille heraus entstanden sind. Sie sind also nicht das Ergebnis systematisierender Denkprozesse über die Stille als Gegenstand. Sie beruhen auf eigenen Erfahrungen. Das Denken behält jedoch eine wichtige Funktion bei. Es wird eingesetzt, um die Erfahrungen mit der Stille zu reflektieren und in möglichst treffende und genaue

Worte zu fassen. Im Vordergrund steht also nicht das Denken, sondern die Übung der Stille, während der, sofern es gelingt, das Denken weder eingesetzt noch gewaltsam verdrängt werden soll.

Die Einkleidung in Worte ist unter solchen Umständen ein mitunter mühsamer Vorgang. Es ist ja auch so, dass auf eine Übung der Stille hin nur selten Worte entstehen, geschweige denn, dass sie dann nur so hervorsprudeln würden. Die Stille ist ja auch gar nicht dazu da, in Worte gefasst und reflektiert zu werden. Sie steht nur für sich selbst. Hierin ist sie einer Rose vergleichbar, von der der Mystiker Angelus Silesius sagt: „Die Ros' ist ohn' Warum; sie blühet, weil sie blühet; sie acht' nicht ihrer selbst, fragt nicht, ob man sie siehet."

Eine solche Rose steht für sich. Wie sie zustande gekommen ist und welche Wirkung sie auf den Betrachter ausübt – das lässt sich umschreiben. Sonnenlicht und Regenwasser brachten sie, keimhaft in nährendem Boden angelegt, hervor. Der Wirkung nach kann ihr Anblick erfreuen, ihr Duft kann betören, ihre Dornen können verletzen. Duft und Farbe aber in Worte zu fassen ist schon schwieriger. Das Wort „rot" für die Farbe einer Rose ist ja nur die Umschreibung einer Farbe und nicht die Farbe selbst. Der Maler René Magritte trägt diesem Sachverhalt Rechnung, wenn er auf einem Gemälde eine Pfeife abbildet und darunter den Satz stellt: „Das ist keine Pfeife."

Umso mehr gilt all dies für die Beschreibung der Stille. Wie sie sich hervorbringen lässt und wirkt, ist darstellbar. Aber was und wie sie eigentlich ist und was sie für das menschliche Dasein bedeutet, lässt sich nur annäherungsweise umschreiben und bleibt in weiten Teilen im Dunkel. Hinzu kommt die subjektive Wahrnehmung durch uns Menschen, die auf die jeweilige Sprachgebung abfärbt.

Letztlich also, so würden manche sagen, sind und bleiben Rose und Stille ein Geheimnis – ein Wunder, das sich mit den Mitteln der Sprache nur bedingt erfassen lässt. Gleichwohl will ich zumindest den Versuch unternehmen, vielleicht doch einige allgemein gültige Hinweise auf die Bedeutung der Stille für den Menschen zu entdecken und anzudeuten.

2. Die Bilder

Was nun die Zeichnungen betrifft, so sind auch sie aus dem Schweigen heraus entstanden. Deshalb möchte ich sie „Blätter der Stille" nennen. Sie beruhen auf einer bestimmten Vorgehensweise in der Entstehung, die ich kurz darstellen will. Der Vorgang ist denkbar einfach und bedarf keiner größeren Vorbereitung.

Man benötigt einen großen Papierbogen (mindestens DIN A 2) von einfacher Qualität auf einer festen Unterlage und einen Zeichenkohlestift. Kontrastreiche Bilder ergeben sich bei weißem oder hellgelbem Papier. Besonders geeignet ist mattgrau getöntes Papier.

Der Schaffensvorgang beginnt mit einer Übung der Stille. Begleitet von tiefen regelmäßigen Atemzügen, stehend oder sitzend, bei gerade aufgerichtetem Oberkörper, betrachtest du das leere Blatt, das vor dir liegt. Auch dort, wo du dich befindest, sollte es still sein. Der Natur entstammende Geräusche stören diese Stille nicht.

Dann nimmst du den Stift in die Hand und schließt die Augen. Alles Denken und Phantasieren legst du nun ab. Darin verweilst du, solange du möchtest, bevor du zu zeichnen beginnst.

Dies ist die Pointe des Geschehens: Beim Entstehen der Zeichnung bleiben die Augen durchwegs geschlossen.

Die Arbeit am Blatt ist dem Ausführenden ansonsten ganz freigestellt. Sie kommt und entsteht und führt sich selbst weiter von innen heraus. Ruhige, fließende oder tastende Bewegungen sind ebenso gültig wie fahrige, heftige, lebhafte, rhythmische oder auch wilde Gesten, das sanfte oder kräftige Aufdrücken des Stifts, seine Verwendung mit der Spitze oder Breite, das Auftragen von Linien, Flächen oder auch Punkten.

Der Vorgang dauert nur wenige Minuten. Wenn du meinst, fertig zu sein, kannst du die Augen wieder öffnen und das Werk eine Weile still betrachten. Wenn du willst, gehe ein paar Schritte zurück – in größerem Abstand zeigt sich das Bild auf andere Weise. Du kannst es auch auf den Kopf stellen. Du kannst es mit deinem Namen und dem Datum versehen und versuchen, dem Blatt ein Thema, einen Titel zu geben. Sofern du unter Anleitung oder in einer Gruppe gezeichnet hast, wird sich ein Gespräch darüber anschließen. Aber das alles ist bereits sekundär. Von erstrangiger Bedeutung ist der Schaffensprozess selbst.

Die Bilder, die so entstehen, sind also weder durch Denken noch durch Blicke gesteuert. Das bedeutet zunächst, sie entstehen absichtslos. Linien, Bögen, Figuren und Kreise finden und verlieren sich, runde und eckige Flächen zwischen den Linien bilden sich in scheinbarem Zufall. Die Striche sind in einer Kühnheit ausgeführt, zu der es sehenden Auges sicherlich an Mut gefehlt hätte. Auch wer sich bis dahin für zeichnerisch völlig unbegabt gehalten hat, ist zu diesem Geschehen fähig.

Neben der Stille ist nicht nur die Hand, sondern auch der ganze Mensch beteiligt. Die Zeichenbewegung geschieht geistig aus der inneren Mitte und körperlich aus dem Becken heraus.

Deutlich wird dies besonders, wenn der Zeichner steht, was dem Becken erlaubt, sich zu bewegen. Die aufrechte Haltung bewirkt, dass die Bewegung nicht blockiert wird, sondern von der Leibmitte her durchfließen kann. Auf diese Weise kommt auch der Körper in der Zeichnung zum Ausdruck. Im Zeichnen können sich somit innere und äußere Spannungen ausgleichen, lässt sich eine positive Einstellung zu den eigenen Kräften und Möglichkeiten gewinnen.

Nicht nur der Leib, sondern auch das Innere des Menschen ist an diesem Vorgang beteiligt. Man kann hierzu sagen, dass der Leib, die Seele und der Geist eines Menschen in der Zeichnung zu einer gemeinsamen Aktion zusammenfinden. Auch der unbewusste Anteil des Geistes kommt dabei mit den anderen Aspekten des Menschen gewissermaßen ins Gespräch. Die Absichtslosigkeit in der Ausführung besagt nämlich keineswegs, dass hier rein zufällige, willkürliche Werke entstehen würden. Vielmehr gibt das graphisch Entstandene auf dem Papier Hinweise auf das Innenleben des Zeichners frei. Aktuelle seelische Themen, Spannungen und Konflikte und vielleicht auch einige Eigenheiten des Zeichners artikulieren sich in seinen Bildern, auch wenn all dies bislang verborgen war. Der Zeichner findet einen Zugang zu sich selbst. Aus der Absichtslosigkeit entsteht ein unverstelltes Dokument des eigenen Geistes. Letztlich und eigentlich geht es bei dieser Übung darum, dass die innere Bewegung in die Zeichnung hinein gelingt.

Wenn du so vor deinem weißen Blatt stehst oder sitzt und darauf schaust, dann mögen in deinem Denken Linien und Strukturen entstehen, mit denen du die Fläche füllen könntest. Erst wenn diese Bilder verschwunden sind, wenn du also innerlich leer geworden bist, kannst du mit dem Zeichnen beginnen.

Die Künstlerin Fabienne Verdier erzählt, wie sie einmal ihren alten chinesischen Lehrmeister aufsucht in der Absicht, bei ihm Eindruck zu schinden. Dieser merkt jedoch an ihrer Linienführung sofort, dass etwas nicht stimmt. Er sagt zu ihr: „Ich habe dir erklärt, dass du dich leer machen musst, bevor du kommst. Diese Leere ist es, die dein zukünftiges Bild entstehen lassen wird. Aus diesem jungfräulichen Grund wird die Intention geboren und der Gedanke wird in dem Augenblick, in dem ich dir den Pinsel übergebe, wie ein reiner Funke hervorbrechen. Wenn du schon vorher etwas planst, bist du nicht mehr im Augenblick; du wirst zwangsläufig durcheinander sein" (Verdier, S. 118).

Die Zeichnung wird, so verstanden, zu einem sehr authentischen Beitrag für den Individuationsprozess des Zeichners. Mehr noch: In ihr entsteht, was der Philosoph Theodor W. Adorno die „Vergegenständlichung des Ungegenständlichen" genannt hat. Was das nun wieder bedeuten soll – davon später.

Die Deutung des Gezeichneten als Ausdruck der aktuellen leiblichen und inneren Befindlichkeit des Zeichners ist nicht aus der Luft gegriffen. Sie wurde vielfach erprobt und kann nachvollzogen werden. Dies ist vor allem der Erfinderin des „geführten Zeichnens mit geschlossenen Augen" zu verdanken. Maria Hippius (1909-1988), Therapeutin und kongeniale Gefährtin von Karlfried Graf Dürckheim (1896-1988), war eine begnadete Graphologin. 1932 promovierte sie am Psychologischen Institut in Leipzig, dem ersten seiner Art, mit dem Thema „Graphischer Ausdruck von Gefühlen durch gegenstandsfreie Linien". Damit wollte sie das Vorhandensein einer „vierten Dimension", einer tieferen Seinsschicht im Menschen nachweisen. Wenn nämlich die Augen und das Denken bei der Erstellung einer solchen Zeichnung gar nicht mitbeteiligt sind, was ist es dann, das sie entstehen lässt?

Die erstbeste Antwort auf diese Frage wäre, solche Zeichnungen seien nichts weiter als eben hirnlose Stricheleien. Schon der Maler Paul Klee sah sich ja der Kritik ausgesetzt, seine Arbeiten seien das Kindergekritzel eines wahnhaft Verrückten. Die Kohlezeichnungen ähneln in der Tat in einigen Aspekten den Zeichnungen demenzkranker Künstler (Warns, 2007), deren eingeschränkte Hirnfunktion vergleichbare Bilder ermöglichen, wiewohl diese unverkennbar durch das sehende Auge mitgestaltet sind. Klee selbst hat freilich mit Auge und Hirn und Geist gemalt; seine Werke sind Ergebnisse eines tiefgehenden und umfassenden Verständnisses von Kunst und Kultur – und zwar nicht nur was die Malerei, sondern auch Musik und Literatur betrifft.

Die graphologisch geschulte Hippius erkennt aber nun in den Zeichnungen mit dem Kohlestift durchaus geführt erscheinende Linien, Formen, Freiräume und prozesshafte Elemente des Entstehens. Zu deren Deutung stehen konkrete, aus der Schriftpsychologie heraus entwickelte Kriterien zur Verfügung.

Nun aber kommt es zu der entscheidenden Frage: Wer oder was aber führt hier den Stift? Welche Kraft ist da am Werk?

An dieser Stelle möchte ich zunächst zwischen „geführtem" und „angeleitetem" Zeichnen unterscheiden. „Anleitung" bezieht sich auf eine Person, die in dieser Methode des Zeichnens und auch psychologisch geschult und somit in der Lage ist, Übende anzuleiten und Gespräche zu den entstandenen Zeichnungen zu führen. „Führung" beziehe ich auf die „Kraft, die den Stift führt" und die im Folgenden näher erschlossen werden soll.

Hippius erkennt in den Zeichnungen zunächst einen graphischen Ausdruck von Gefühlen. Eine ihrer Schülerinnen, Elisabeth Rasehorn, sieht in ihnen überdies, wie sie mir mündlich mitteilte, elementare Äußerungen leiblich-dynamischer Energie.

Zugleich aber kommen in den Bildern Ordnungs- und Gestaltprinzipien der Seele zum Ausdruck.

Jedoch, das Innere seiner Seele ist dem Menschen nur zu einem kleinen Teil bewusst. Der weitaus größere Anteil liegt im Unbewussten und eben daran rührt die geführte Zeichnung. In ihr arbeitet, weder vom Schauen noch vom Denken verstellt, das Unbewusste.

Hippius nennt nun diese Kraft des Unbewussten in solchem Schaffensprozess den „inneren Meister" – ein Ausdruck, der dem Zen-Buddhismus entstammt.

Wenn die Augenschau, das Denken und – wie erwähnt, bei demenzkranken Menschen – das Gehirn als Gestaltungskräfte ganz oder weitgehend ausfallen und dennoch eine „lesbare" Zeichnung entsteht, so ist es dieser innere Meister – oder nennen wir ihn jetzt einfach mal „das eigene innere Selbst" die Person an sich, oder noch besser gesagt: der im Menschen befindliche Geist, der sich in der Zeichnung äußert. Der innere Meister eines Menschen ist sein eigener Geist. Er also ist es, der hier „den Stift führt".

Dieser Geist – die Rede vom „inneren Meister" deutet dies an – geht über den einzelnen Menschen hinaus und ist nicht auf ihn allein hin lokalisierbar. Wenn es nämlich der Geist ist, der die Hand führen kann, obwohl der Zeichner in seinen Funktionen eingeschränkt oder versehrt ist, so belegt dies, dass dieser Geist von widrigen äußeren Einflüssen unabhängig und somit unzerstörbar ist. Und genau dies verleiht jedem Menschen, mag er auch noch so versehrt sein, seine Würde.

An dieser Stelle nimmt der tibetische Buddhismus eine beachtenswerte Unterscheidung vor. Demnach ist der den Menschen durchwaltende Geist durchaus angreifbar und anfällig für Verletzungen. Faktoren wie die Gier, der Hass oder auch Illusionen können ihn sogar regelrecht vergiften. Doch all diese negativen

Einflüsse können nie den gesamten Geist erfassen. In seinem Kern, seiner Essenz bleibt er unangreifbar, unzerstörbar. Und dieser Kern ist stets aktiv, etwa wenn ein Mensch etwas tut, wozu er nach allgemeinem Ermessen eigentlich nicht in der Lage ist – ob es sich dabei nun um die geführte Zeichnung oder um die Bewältigung einer großen Herausforderung, etwa eines schweren Leidens oder anderes handelt.

Mit dem Aufweis der letztlichen Unzerstörbarkeit des Geistes gehört dieser aber nicht nur der endlich-irdisch-relativen Welt an, sondern ebenso einer absoluten Wirklichkeit, die demnach nachweisbar wäre. Dies würde unter anderem bedeuten: Auch über den Tod eines Menschen hinaus wäre dessen Geist wirksam. Der Psychologe C.G. Jung hat dieses Phänomen als das „kollektive Unbewusste" bezeichnet, in dem sich das Selbst einen Raum baut. Andere würden ihn mit „Reich Gottes" oder mit „Buddhanatur" umschreiben. Wie auch immer: All diese Formulierungen sind Umschreibungen, die jene Wirklichkeit nur annähernd treffen, nie aber zur Gänze ausdrücken können.

Wenn sich dieses Unbewusste in eine Zeichnung oder in ein anderes Geschehen hinein äußert, und zwar sogar unabhängig vom Zustand des Geistes und seiner Funktionen in der einzelnen Person und unbeeinflusst von den irdisch vorhandenen Möglichkeiten, so lässt dies den Aufweis und eine Deutung dieses inneren Bereichs zu. Für den konkreten Menschen aber entsteht in solchem Geschehen ein Individuationsprozess, der ihm mit der Zeit aufzeigen kann, wer er in letzter Eigentlichkeit ist. Die hier im Buch aufgeführten Zeichnungen machen diesen Prozess allerdings nicht sichtbar, da es sich um ausgewählte Beispiele ohne zeitliche Abfolge handelt.

Zugleich ist der schöpferische Akt des geführten Zeichnens aber auch ein autonomes und damit doch auch wieder ein bewusstes Geschehen. Wo die Autonomie, also die selbstbewusste innere Unabhängigkeit eines Menschen, beispielsweise durch ein traumatisches Ereignis gefährdet, angeschlagen oder verletzt ist, da vermag sie dieser Akt wieder hervorzurufen. Einem an Demenz leidenden Menschen bietet diese Art des Zeichnens die Möglichkeit, etwas von seiner immer vorhandenen Würde – dem vornehmen Aspekt der Autonomie – sichtbar zu machen.

Nun muss aber deutlich gesagt werden, dass es sich bei diesen Zeichnungen nicht etwa um eine Selbstdarstellung des Unbewussten handelt. Die Bilder stellen keinen „Seelenstriptease" des Zeichners und seines Geistes dar. Sie können das Kerninnere transparent machen, jedoch nicht zur Gänze erschließen; letztlich bleibt das Unbewusste, ebenso wie „Geist" oder „Gott" ein Geheimnis. Es gibt sich in immer wieder neuen Hinweisen zu erkennen, ohne sich je ganz zu zeigen. Ohnehin ist dies aufgrund der Unermesslichkeit dieses Geistes unmöglich.

Für den Zeichner entsteht eine Art Landkarte von seinem Leben, in der das Setzen der Formen einer inneren Logik folgt (Warns, S. 40). Im Zeichnen arbeitet das Unbewusste sozusagen ohne Gedankenfilter an einer konkreten irdischen Aufgabe, die ihm hier und jetzt gestellt ist. Wenn sich der Zeichner beispielsweise mit einer Krankheit, etwa einer Depression oder einem Konflikt, einem Verlust, einem Komplex oder auch einem Kindheitsmuster auseinandersetzen muss – vielleicht sogar, ohne dass er dies weiß! – wird sich dies in der Zeichnung durch entsprechende Linienführung und Formgebung niederschlagen. Dem Zeichnenden und seiner Begleitperson kann dies verdeutlichen, wie es tatsächlich um ihn bestellt ist.

An dieser Stelle rundet sich der Bogen zu unserem Thema. So wie die Zeichnung keine Selbstdarstellung des Unbewussten ist, so ist sie auch keine Darstellung der Stille. Der Zusammenhang lautet: In der Zeichnung teilt sich auf der Grundlage der Stille das Unbewusste mit. Auch die Stille kann sich in der Zeichnung mitteilen; dies jedoch nur, sofern sie ein jetzt gerade aktuelles Thema des Unbewussten ist. Zumeist wird der Geist jedoch von anderen Themen bewegt, und so können die Zeichnungen durchaus auch höchst „laute", dramatische Inhalte aufweisen. Dennoch können sie „Blätter der Stille" genannt werden, weil sie aus ihr heraus entstanden sind. Und dieser Sachverhalt erlaubt es, sie hier in diesem Buch aufzuführen, im Aufweis dessen, was Stille kann.

Die Leserinnen und Leser mögen auf je eigene Weise mit den gezeigten Bildern umgehen. Deshalb wird auch in diesem Buch bewusst auf jegliche Interpretationen der einzelnen Zeichnungen verzichtet. Nur so lässt sich ein eigener, von keinerlei Deutung verstellter Zugang zu ihnen finden. Ob jemand einfach weiterblättert oder sich von einem Bild ansprechen lässt, sich kürzer oder länger in ein Blatt vertieft, ist jedem selbst überlassen. Man kann beispielsweise versuchen, einen Titel für eine Zeichnung zu formulieren – oder selber anfangen zu zeichnen.

Es empfiehlt sich, recht lange beim Kohlestift zu bleiben. Die schwarze Farbe enthält unzählige Variationen, um Licht in all seinen Schattierungen darzustellen (Verdier, S. 109). Erst zu einem späteren Zeitpunkt kannst du der Zeichnung in freiem, schöpferischem Gestalten Farben zugeben, Linien verstärken, Felder gestalten und dabei sogar das Thema verändern, verwandeln.

Dann wird mit der Zeit gewiss die Bedeutung dessen, was da entstanden ist, für das eigene Dasein aufgehen, anders und womöglich tiefer, als es Worte sagen können, und in aller Stille.

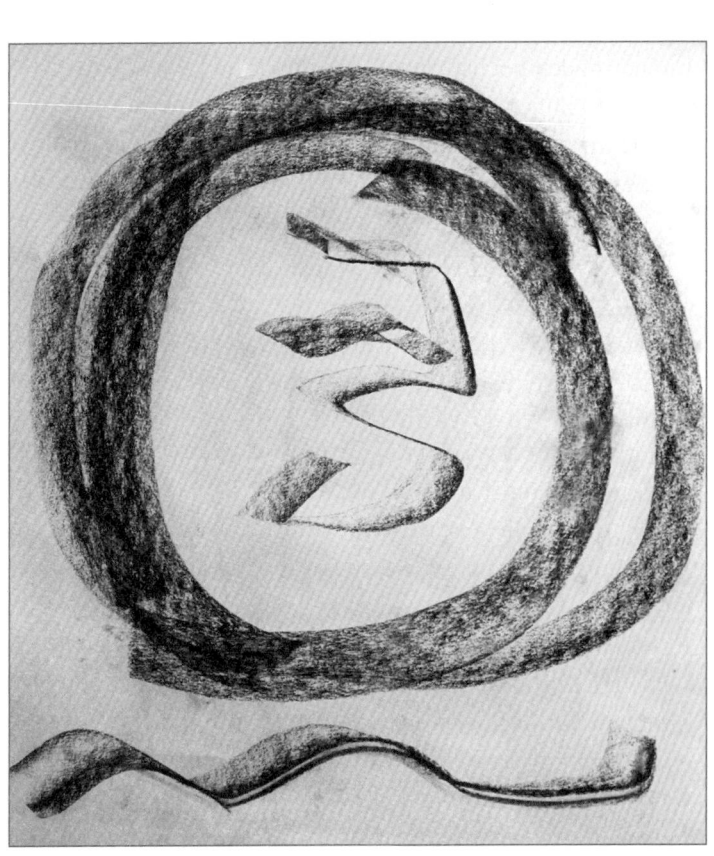

Was es ist

Irgendwann, wenn sich ein meditierender Mensch immer wieder der Stille aussetzt, entsteht in ihm ein natürliches Bedürfnis, tiefer zu ergründen, worin sie eigentlich besteht – was sie ist. Es ist vielleicht nicht die wichtigste aller Fragen in diesem Zusammenhang. So sie sich aber ergibt, etwa in bestimmten Phasen und Zeiten des Prozesses, lohnt es sich, ihr näher zu treten.

Vorhin wurde behauptet: Stille ist zumeist immer nur das, was ich jeweils gerade dabei empfinde. Dies ist allerdings nur eine Aussage darüber, was ein Mensch aus der Stille macht, wenn sie ihm widerfährt, oder was diese mit ihm macht. Es ist jedoch keine Aussage über die Stille selbst. Sie ist ja nicht mit den Empfindungen dieses Menschen identisch. Ja, sie existiert sogar völlig unabhängig von diesen Empfindungen. In gewisser Weise sind die eigenen Empfindungen sogar Gegenpole zur Stille, indem sie samt und sonders einen inneren „Lärm" verursachen, sei es in Form einer Traurigkeit oder auch eines Glücksgefühls. Erst wenn es gelingt, solche Gegenpole abzubauen – es wurde bereits angedeutet – kann die Annäherung an jenes Phänomen erfolgen, das als reine Stille bezeichnet wurde.

Stille ist also weitaus mehr und anderes als eine „empfundene Lautlosigkeit", wie das Internet-Lexikon Wikipedia meint.

Auch die Erklärung, Stille sei die Abwesenheit von Geräuschen aller Art, reicht als Definition nicht aus. Negative Aussagen also hier, was Stille nicht ist, sind immer nur Umschreibungen. Größere Gewissheit ergäbe sich, wenn sich von einem Thema oder einem Gegenstand direkt und positiv sagen ließe, was es ist.

Doch im Bemühen um eine solche Definition taucht bei der Stille eine große Schwierigkeit auf. Denn offensichtlich haftet ihr ja nichts Materielles an. Sie ist körperlos. Wie soll man da mit einer Definition ansetzen? Mehr noch, Stille äußert sich ja nur mittelbar, insofern sie eben still ist. Gäbe es eine „Sprache der Stille", wie manchmal behauptet wird, so müsste der „hörende" Mensch über ein eigenes Sensorium verfügen, um diese Sprache zu vernehmen und zu verstehen, und er müsste sein Verständnis in allgemein verständliche Worte übersetzen. Dies ist jedoch ein zwar nicht unmögliches, aber doch recht schwieriges Unterfangen.

Wenn keine Materie und keine zumindest direkt zugängliche Sprache an der Stille ausgemacht werden können – verfügt sie dann nicht wenigstens über Geist? Wohnt ihr etwas Geistiges inne, woran wir sie definieren können?

Auch hier müssen wir bei ehrlicher Betrachtung passen. Dass Stille Geist hat, ist Interpretations- oder Glaubenssache. Konkret feststellbar jedoch ist Geist in der Stille nicht. Vielleicht – doch auch dies nur möglicherweise – ist sie dessen Medium.

Stille ist also nur, was sie ist – sie bewegt sich nicht, gibt keinen Laut von sich, denkt nicht, ist ohne Bewusstsein, es gibt sie nicht im Plural – sie ist einfach nur still.

Gibt es sie überhaupt? Diese Frage immerhin kann eindeutig bejaht werden. Sie muss vorhanden sein, da sie wahrnehmbar ist, Empfindungen hervorruft und Wirkungen zeitigt. Aber – was ist sie?

Wir können es mit einer anderen Methode des Definierens versuchen. Wir können Stille aus dem Vorgang heraus erklären, wie sie zustande kommt. Hierzu liegt sogar ein physikalisch fassbarer Vorgang vor. Wir können beispielsweise feststellen, dass es still wird, wenn Schnee fällt.

Frischer Schnee besteht zu etwa 90% aus Luft. Die Eiskristalle der Flocken liegen ungeordnet aufeinander. Dazwischen bilden sich viele Hohlräume. Schnee ist damit eine Art Schaumstoff aus Eis. Wenn nun Schallwellen auf diese Masse treffen, werden sie in viele Richtungen abgelenkt. Sie dringen aber auch in die Schneedecke ein, in die Hohlräume ihrer Kristalle, und kommen nicht mehr heraus. Die Schallenergie verschwindet im Schnee. Daher wird es still, wenn sich Schnee über Stadt und Land legt.

Aus dieser Beobachtung geht eine zweite hervor. Wenn der Blick eines Betrachters auf einen Gegenstand fällt, kann er ihn bei genügend Licht unmittelbar sehen. Um Geräusche hören zu können, muss hingegen ein Medium vorhanden sein, das diese überträgt. Dieses Medium ist die Atmosphäre. Aus diesem Grund ist das Weltall trotz heftigster Bewegungen in und auf den Planeten vollkommen lautlos – es sei denn, einer dieser Planeten wäre von Atmosphäre umgeben. Das Wort, das nach biblischer Darstellung „im Anfang" war (Genesis 1,1), war demnach lautlos und unhörbar.

So interessant sich aber nun diese Hinweise auf die Entstehung der Stille anhören mögen: Für eine Definition oder gar für ein Verständnis dessen, was Stille ihrem Wesen nach ist – so sie denn so etwas hat – geben sie wenig her. Deshalb will ich es nun mit einer dritten Methode des Definierens versuchen. Da sie der Literatur entnommen ist, möchte ich sie die „poetische Definition" nennen.

Was es ist – unter diesem Titel hat der große Schriftsteller Erich Fried (1995, S. 35) ein Gedicht geschrieben, das seit seiner Entstehung vielen Menschen unter die Haut geht. Hier ist es:

41

Es ist Unsinn
sagt die Vernunft
Es ist was es ist
sagt die Liebe

Es ist Unglück
sagt die Berechnung
Es ist nichts als Schmerz
sagt die Angst
Es ist aussichtslos
sagt die Einsicht
Es ist was es ist
sagt die Liebe

Es ist lächerlich
sagt der Stolz
Es ist leichtsinnig
sagt die Vorsicht
Es ist unmöglich
sagt die Erfahrung
Es ist was es ist
sagt die Liebe"

Was zunächst an diesem Gedicht verblüfft, ist seine Form. Überaus knapp und klar sind die Verse gehalten. Jedes einzelne Wort gerät so zu einer kleinen Kostbarkeit.

Die Genauigkeit im Ausdruck mit derart sparsamen Mitteln gelingt nur wenigen. Die Dichter der japanischen Haiku- und Tangka-Literatur bemühen sich darum. Der Politiker Willy Brandt hatte die Gabe, mit knappen Sätzen große Inhalte aus-zudrücken – was vielleicht daran lag, dass er zeitlebens Witze gesammelt hat, in denen es auf präzise Pointen ankommt. Als Meisterin dieses Könnens darf die Lyrikerin Hilde Domin gelten: Klare und tiefe Gedanken setzt sie schnörkellos in wenige Worte um, in geradezu vollkommener Reinheit.

Stellvertretend für sie alle sei hier eine Formulierung des ansonsten sehr wortgewaltigen Theologen Karl Rahner wiedergegeben: „Wer seinen Nächsten nicht findet, verliert sich selbst."

Die Form des Gedichts von Erich Fried ist es also, die dessen Inhalt umso klarer hervortreten lässt. Der Inhalt ist hier eine Abfolge von Definitionen, die jeweils mit einem „Es ist" eingeleitet werden und in den Kehrvers münden: „Es ist was es ist / sagt die Liebe". Den Definitionen, die sich alle auf das „Es" beziehen, hat Fried beigefügt, woraus sie sich herleiten. „Unsinn" ist eine Aussage der Vernunft, „Schmerz" leitet sich von der Angst her und der Stolz kommt zu der Aussage, „Es" sei lächerlich. Jedoch, was dieses Es betrifft, gibt uns der Dichter ein Rätsel auf. Denn er definiert es zwar von den verschiedensten Zugängen her, nennt es aber nicht beim Namen. Also, was ist eigentlich mit diesem „Es" gemeint?

Zwei Möglichkeiten bieten sich an. Es könnte sich zunächst um das Leben im Allgemeinen handeln. In der Übertragung hieße das dann: „Das Leben ist Unsinn, sagt die Vernunft…". Bei dieser Deutung würde es in dem Gedicht darum gehen, dass verschiedene Ansichten, „Definitionen" des Lebens durch die Liebe, die hier stark unter dem Aspekt der Toleranz steht, pariert werden können und damit das Leben erträglicher, lebbarer machen.

Die Alternative zu dieser Deutung des „Es" wäre, es mit einem anderen Schlüsselwort dieses Gedichts, nämlich der Liebe, in eine direkte Verbindung zu setzen, und zwar als deren Aktivität. Das Es als tätiger Ausdruck der Liebe würde sich dann wie folgt übersetzen lassen: „es ist Unsinn, wenn du liebst, sagt die Vernunft…" oder „Lieben/Liebe üben ist Unsinn…". Dieser zweiten Möglichkeit, das „Es" zu verstehen, neige ich zu. Die Liebe tritt in dieser Lesart als Potenz auf, die den Akt des Liebens ermöglicht, auch wenn die verschiedensten Ansichten über deren Möglichkeit und Sinn ausgesprochen werden. Das Potential, die Liebe definiert sich in diesem Fall nicht über die Wirkungen, die es hervorruft, sondern über ihr Tun, ihre Werke, die kraft ihrer ausgeübt werden und die jeweils für sich das sind, was sie sind.

Wirkungen sind Deutungen. Sie stehen und fallen mit der mentalen Grundhaltung und aktuellen Stimmungslage (Konstitution und Disposition) des jeweiligen Betrachters.

Die Liebe, so ein erstes Ergebnis dieser Betrachtung, ist also nicht einfach von ihren Wirkungen her definierbar.

Um diese Erkenntnis nun auf unser eigentliches Thema, nämlich die Stille, anzuwenden: Würde man deren Wirkungen etwa so aufführen wie auf dem Beipackzettel eines Arzneimittels, so würde dieser in etwa lauten: „Stille. Wirkungen: beruhigt, steigert Konzentrationsvermögen und Wohlbefinden, fördert Kontemplation und Meditation. Gegenanzeigen: kann Deprivation, Halluzinationen und Denkstörungen hervorrufen. Beachten Sie die genaue Dosierung!"

Mit solchen Hinweisen zum „Arzneimittel" Stille erfährt der Leser des Beipackzettels allenfalls etwas darüber, wie sie allgemein und daher auch im konkreten Einzelfall wirkt und wie sie anzuwenden ist – jedoch nichts darüber, woraus sie eigentlich besteht. Stille und Liebe aber sind mehr als bloße Arzneimittel. Sie lassen sich, folgt man Fried, aus ihren Werken heraus erschließen. Aber wie, und in welchem Umfang?

Die Antwort mag überaus dürftig erscheinen. Die Werke der Liebe wie der Stille sind, was sie sind. Ist das billige Tautologie? Oder ist nicht vielmehr sogar angebracht, bei diesen beiden

Phänomenen immer nur auf sie selbst zurück zu verweisen, weil zum einen gar keine andere Aussage möglich ist und weil ferner in diesen Phänomenen alles, was darüber ausgesagt werden kann, enthalten ist?

Liebe und Stille, nur das: Geradezu zeitlos würden sie dann dastehen, als Antwort auf die Gegebenheiten und Räume des irdischen Alltags.

Worin aber bestehen nun die Werke der Liebe? Und was ist Liebe?

Fried beantwortet diese Frage mit dem denkbar äußersten Minimum an Aussagen: Sie ist. Und sie sagt. Das muss genügen. Allein schon, dass sie ist und sich äußert, ohne sich dabei auf eine bestimmte Art und Weise festlegen zu lassen, ist die bereits ganz und gar zureichende Antwort. Es bedarf keiner näheren Erläuterung. Alles Weitere ist lediglich Beschreibung, Umschreibung der Werke der Liebe. Diese, die Werke und deren Beschreibung, sind allerdings immer wieder notwendig, um uns Menschen gerade dann, wenn wir uns vernachlässigt fühlen, stets in Erinnerung zu rufen, dass es sie gibt und dass sie wirkt, wenn auch oftmals im Verborgenen, auf je eigene Weise.

Theologen sprechen in diesem Zusammenhang gern von der Liebe als einem Geheimnis. Sofern in diesem Wort das Begehren zum Ausdruck kommt, mehr über sie erkennen zu wollen, etwa aus intellektueller Neugier oder um sich ihrer besser bedienen zu können, verfehlt es die Demut, die erforderlich ist, um sie, die Liebe, wirklich zu erfahren. Sie ist und sie wirkt; das allein genügt. Mehr zu wissen, so Fried, ist nicht nötig.

Es bietet sich nun an, die Vorgehensweise im Definieren, wie sie Fried hier an der Liebe vorgenommen hat, auf die Stille hin anzuwenden. Denn auch sie ist, wie vorhin aufgezeigt wurde, ein mit den üblichen Methoden des Definierens schwer zugänglicher Begriff. Wenn ich mich konsequent an das Ergebnis des Erforschens der Liebe und ihres Wirkens und ihrer Werke halte, nämlich: dass da nur wenige Aussagen möglich sind, und wenn ich dasselbe von der Stille annehme, dann bleibt mir nicht viel anderes übrig, als in der Weise des Lyrikers nun ein eigenes Gedicht über die Stille zu formulieren.

Still sein

Es ist überflüssig
Sagt der Zeitgeist
Es ist Zeitverschwendung
sagt die Vernunft
Es ist was es ist
sagt die Stille

Es ist unproduktiv
sagt die Berechnung
Es ist langweilig
sagt der Spaßfaktor
Es lastet schwer
sagt die Angst
Es ist aussichtslos
sagt das Denken
Es ist was es ist
sagt die Stille

Es ist lächerlich
sagt die Leistung
Es ist vergebliche Mühe
sagt die Umsicht

Es ist ein Weg
sagt die Erfahrung
Es ist was es ist
sagt die Liebe

Alle Leserinnen und Leser sind eingeladen, ebenfalls im Sinne einer Übung zur Stille *eigene Verse zu verfassen, aus ihrem persönlichen Lebenszusammenhang heraus, mit den Begriffen und Themen, die in ihrem Leben wichtig geworden sind. Meine Version kann nur eine unter vielen sein.*

Da nun hiermit die Möglichkeiten ebenso wie die Grenzen aufgezeigt sind, wenn wir uns der Stille über Versuche des Definierens, über ihre Wirkungen und ihre Werke nähern, können wir uns jetzt einen anderen Zugang erschließen, nämlich, indem wir danach fragen, was sie eigentlich für das menschliche Leben bedeutet.

Die Bedeutung der Stille

Hierzu ist es angemessen, sie in einen größeren Zusammenhang zu stellen. Unabhängig von der religiös-spirituellen oder auch der politisch-weltanschaulichen Orientierung, die jedem Menschen zu eigen ist, kann dieser Zusammenhang wie folgt formuliert werden: Es geht beim Menschsein darum, dem eigenen Leben mit der Zeit einen guten und tragfähigen Sinn zu verleihen und in dessen Ausformung zu einem entsprechend erfüllten Dasein zu finden und insbesondere die Herausforderungen zu bewältigen, denen es begegnet. Zu diesen Aufgaben können in der Stille wertvolle Hinweise für deren Konkretisierung und Lösung erwachsen.

Diese Grundgedanken sind aufgrund ihrer komprimierten Form erläuterungsbedürftig.

1. Dem eigenen Leben Sinn verleihen

Wir Menschen verbringen einen großen Teil unseres Daseins damit, die alltäglichen Herausforderungen des Alltags anzunehmen und zu bearbeiten. Für diese Aufgaben sind wir unterschiedlich gut gelaunt und motiviert, je nach Tages- und allgemeiner Form. Am Morgen stehen wir auf und richten uns her. Wir gehen unseren Tätigkeiten nach, pflegen unsere Beziehungen mehr oder weniger, kommen unseren Pflichten nach, essen und trinken und reden, bilden uns weiter, konsumieren und vergnügen uns, regen uns auf oder ab, fühlen und denken und entscheiden – und in der Nacht geben wir schließlich dem Körper und dem Geist im Schlaf Zeit zur Erholung. Dabei lassen wir uns von Neigungen und Glücksvorstellungen sowie von moralischen Prinzipien leiten – den Prinzipien, die wir auf andere und, was nicht immer dasselbe ist, auf uns selbst anwenden. Größere Zusammenhänge scheint es da nicht zu geben.

Dies ändert sich jedoch sofort, wenn massive Ereignisse unseren Alltag durchbrechen. Das Glück oder auch das Leid, das wir dabei empfinden, berührt uns tiefer, als wir das im Alltag gewohnt sind. Solche Ereignisse werfen Fragen auf, die andere Ebenen unseres Daseins berühren als die, die wir sonst gewohnt sind. Sie stellen sich umso bohrender, je rätselhafter und schwerwiegender das Ereignis ist, das die Frage auslöst. Manche Ereignisse, etwa den plötzlichen Tod eines geliebten Menschen, empfinden wir geradezu als sinnlos und kaum zu ertragen. Dennoch gehört dieses Geschehen fortan zu unserem Leben. Wir müssen versuchen, damit klarzukommen. Denn wenn dieses Ereignis schwer zu ertragen ist und vielleicht gar ein Trauma auslöst, entwickelt es die Kraft, unser Leben zu zerstören.

Hinzu kommt bei nicht wenigen Menschen das Leiden über den Zustand dieser unserer Welt, die Ohnmacht und Empörung darüber, was Menschen einander antun können und auch, wie sich viele den Tieren und allem Leben gegenüber verhalten. Wer sich diesem Leiden intensiv aussetzt, könnte schier verzweifeln und verrückt darüber werden – wie einst der Philosoph Friedrich Nietzsche, der beim Anblick eines Kutschers, der seinem Pferd schwere Peitschenhiebe versetzte, psychisch vollständig und auf Dauer zusammenbrach.

Wem Unglück und Elend in dieser Welt bewusst wird und nahe kommt, der fragt sich vielleicht: Hat es denn einen Sinn, überhaupt noch zu leben? Wie soll man all das Schwere und Böse ertragen?

Wenn du in einem tiefen Winter die Schneemassen draußen siehst und die klirrende Kälte spürst und das dräuende Grau der Wolken dein Zimmer verdunkelt, dann drohst du schier selbst den tödlichen Gefahren dieser harten Welt da draußen zu erliegen. Es ergibt jedoch keinen Sinn, immer nur auf dieses Grau und das Eis zu starren oder gar, sich ständig draußen aufzuhalten und der Kälte auszusetzen. Gerade in kalten und elenden Zeiten ist es wichtig, das eigene Zuhause, das eigene Leben und alles, was dir an Menschen und Gütern geschenkt wurde, anzunehmen. Auch dies ist eine Übung. Dabei kannst du es dir auch vergönnen, nach innen zu schauen. Denn gerade auch daraus kann die Kraft erwachsen, für die Vermehrung des Guten in der Welt wenigstens einen kleinen Beitrag zu leisten.

Der Theologe Karl Rahner geht sogar noch weiter, wenn er angesichts des Leidens in der Welt in einer Weihnachtsmeditation sagt: „Fürchte nicht, froh zu sein, denn seit ich geweint habe, ist die Freude die wirklichkeitsgemäßere Lebenshaltung als die Angst und die Trauer derer, die meinen, keine Hoffnung zu haben."

Auch die glückhaften Geschehnisse bedürfen der Bearbeitung und Einbindung in den Alltag. Denn dieser besteht eben leider nicht nur aus großen Glücksmomenten. Man begäbe sich einer gefährlichen Illusion, einen Augenblick des Glücks in einen Dauerzustand verwandeln zu wollen. Glück kann man auch nicht wie ein Stück Fleisch einfrieren und dann nach Belieben dem Gefrierfach zum Auftauen entnehmen. Gewiss lässt es sich auf einer Wolke oder Welle des Glücks trefflich schweben oder schwimmen. Doch diese Gebilde sind nicht von verlässlicher Dauer. Wenn sie sich auflösen, wird der eben noch so Glückliche unsanft auf den Boden der Wirklichkeit herunterfallen, sofern er diesen ob seiner seligen Gefühle außer Acht gelassen hat. Und auch die fortwährende Wiederholung von Glücksmomenten, so sie möglich ist, wird sich mit der Zeit verbrauchen. Auch dann wird nichts anderes übrig bleiben, als immer wieder in den Alltag zurückzukehren. Das Glücksereignis verleiht gewiss noch eine Zeitlang die hierfür erforderlichen inneren Kräfte; doch selber bleibt es immer mehr zurück und versinkt schließlich in der Vergangenheit. Allenfalls, jedoch nicht immer, bleiben dann nur noch Erinnerungen.

Jedoch, wir Menschen sind der Vergänglichkeit des Glücks und der großen und oft auch bitteren Ereignisse, so sie uns treffen, nicht hilf- und schutzlos ausgeliefert. Denn aus unserem sozialen Umfeld und aus dem Kulturkreis heraus, in dem wir leben, und aus den bislang erworbenen Erfahrungen hat sich gewiss schon längst zumindest ein Ansatz, eine Grundeinstellung herausgebildet, die uns darin beisteht, den besonderen Ereignissen in unserem Leben so zu begegnen, dass sie uns nicht ohne Weiteres umwerfen. Diese Einstellungen können sehr verschieden ausgeprägt sein. Sie können einen allgemein weltanschaulichen, einen politischen, einen religiösen oder auch einen spirituellen Hintergrund haben. So war es beispielsweise im vergangenen Jahrhundert in Frankreich der fortentwickelte Existenzialismus, der eine nüchtern und real fundierte, von Gott unabhängige Weltsicht formulierte und daraus folgerte, wie das Leben zu führen und zu bewältigen sei. In heutiger Zeit hat zuletzt der Begriff der Spiritualität an Bedeutung gewonnen. Darunter versteht etwa der Benediktinerabt Odilo Lechner einen geistlichen Weg, der den Menschen in sein ureigenes Wesen hineinführen und es erschließen kann, so dass sich daraus die nötigen Hinweise zur Bewältigung und Gestaltung des Lebens ergeben.

Was diese Hinweise für einen spirituellen Menschen bedeuten können, dem will ich im Schlusskapitel dieses Buchs eigens nachgehen. An dieser Stelle sei lediglich noch auf die Bedeutung von Religion für ein solches Menschsein hingewiesen. Mit dem Psychologen Ken Wilber teile ich hier die Auffassung, dass den Religionen die Aufgabe zukommt, „Förderbänder" der Spiritualität bereitzustellen, sie also hervorzurufen und zu fördern; Förderbänder, die in das innerste Wesen des Menschen hineinführen sollen.

Es geht demnach darum, im Weg nach innen einen Sinn für das eigene Dasein zu finden, mit dem der Einzelne sein Leben ausrichten kann. Die Vielfalt der Sinnfindungen – seien sie nun eben spirituell-religiös oder politisch-weltanschaulich ausgerichtet – zeigt jedoch, dass es keinen allgemein verbindlichen, für alle Menschen gültigen „Sinn des Lebens" gibt; es sei denn, die vielen Sinnfindungen ließen sich auf einen einzigen Nenner bringen. Dies versucht etwa der Philosoph Christoph Quarch mit dem Begriff der Liebe. Hierin, so Quarch, wäre der Schlüsselbegriff für alle Sinnfindungen zu sehen, läge die Essenz der spirituellen oder weltanschaulichen Bemühungen, auf die alles hinausläuft. Obschon die Liebe heutzutage ein sehr schillerndes und sehr unterschiedlich gehandhabtes Wort ist, würde ein solcher Grundbegriff die Verständigung zwischen den verschiedenen Sinnsuchern und -findern sicherlich erleichtern, wenn er denn allseitige Anerkennung fände. Doch schon die biblische Legende vom Turmbau zu Babel wusste um die Problematik solchen Bemühens. So richtig die Überlegungen Quarchs gewiss sind, nicht einmal die Vereinten Nationen können sich, wie die Erfahrung zeigt, zur Annahme eines solchen Schlüsselbegriffs durchringen, geschweige denn praktisch und umfassend anwenden. Dies gilt auch für den Begriff der Menschenrechte. Es gibt Länder, in denen diese trotz gegenteiliger Unterschriften nicht viel zählen.

Somit möge sich jeder einzelne Mensch selber fragen, etwa im Rahmen einer „Übung der Stille":

Welche Begriffe sollen in der persönlichen Sinngebung meines Lebens vorkommen? Und mit welchen Tätigkeitswörtern möchte ich diese Begriffe verbinden?

Mit dem so gewonnenen Gut kann er versuchen, das eigene Dasein zu gestalten und gegebenenfalls zu korrigieren.

Dabei ist es zwar hilfreich, aber nicht unbedingt notwendig, seinen Sinn in Worte zu fassen. Das ist ja auch nicht so einfach. Deshalb verbleiben viele Menschen lieber im Ungefähren oder im Agnostischen. Das entschiedene Wort würde jedoch dazu beitragen, den eigenen Sinn, den Eigensinn also, zu präzisieren.

So nun der Einzelne diesen Sinn für sein Leben mit seinen konkreten Bezügen wie etwa seiner Familie und seiner Verortung in der Gesellschaft wahrnimmt und formuliert, wird er darauf achten, dass dieser insbesondere zwei Bedingungen erfüllt: Gut soll dieser Sinn sein, und Bestand haben soll er. Denn es nützt ja nichts, wenn er so hoch angesetzt ist, dass er praktisch gar nicht eingelöst werden kann; und einen „Sinn des Bösen" aufzustellen und sich ihm hinzugeben, wäre ein Widerspruch in sich selbst.

Die Güte eines sinnerfüllten Daseins spielt wiederum auf zwei Aspekte an. „Gut" ist ein Lebenssinn, wenn es dem einzelnen Menschen und seiner Umgebung bei der Ausübung seiner Sinnvorgaben gut geht. Der Sinn selbst soll dabei Freude und Tatkraft vermitteln. Gut ist ein Lebenssinn demnach dann, wenn der Sinnträger in dessen Einlösung Glück erfährt und wenn er dieses Glück auch anderen vermittelt. Wenn beispielsweise die Lepraärztin Ruth Pfau den Sinn ihres Daseins mit einem Dienst an Anderen umschreibt, die auf besonders schwerwiegende Weise von einer Krankheit oder einer anderen Not belastet sind, so berichtet sie immer wieder auch darüber, dass ihr durch ihre Tätigkeit, so anstrengend sie oft auch ist und letzten Einsatz abfordert, ein besonderes Glücksempfinden zuteil wird. Schon kleine Erfolge im Dienst am Nächsten können beiderseits große Freude auslösen. Denn es ist ein tief befriedigendes Glück, für Bedürftige sinnvoll tätig zu sein, befriedigender, als immer nur selbst bedient zu werden. Allerdings fällt auf, dass derart Tätige bei der Aufstellung ihres Lebenssinns gar nicht erst danach fragen, ob ihnen dessen Einlösung Glück bringt. Täten sie dies, so würden sie vielleicht andere Orte aufsuchen wollen als ausgerechnet Krankenhäuser, Gefängnisse oder Elendsquartiere.

Andere Menschen suchen und finden ihre Sinnerfahrungen in der Natur. Ihre Schönheit und Vielfalt rührt sie an und erfüllt ihr Innerstes mit Harmonie und Freude. Doch auch die Erschließung der Natur ist mit Anstrengung verbunden. Man muss nicht gleich einen sehr hohen Berg bewältigen. Auch eine längere Wanderung zu Fuß oder mit dem Fahrrad kann bereits ordentlich „auf die Knochen gehen".

Die Freude an der Natur mündet dann nicht selten in den innerlich verspürten Auftrag, sich für deren Erhalt einzusetzen, wo sie gefährdet ist.

Auch wer einen konkreten Sinn für sein Dasein etwa in der Kunst oder in der Technik, der Wissenschaft sucht, wird um entsprechende Anstrengungen nicht herumkommen.

Glück soll er also mit sich bringen, der gute Sinn des Lebens. Das Wort „gut" deutet jedoch noch einen weiteren Aspekt des sinnvollen Daseins an. Es versteht sich nahezu von selbst: Das persönliche Dasein wäre nicht sinnvoll, sondern geradezu sinnwidrig, wenn es anderen schaden würde. Sinn macht nur Sinn, wenn er ethisch richtig und moralisch gelungen ist und somit eben gut. Was jedoch diesbezüglich richtig und geboten ist, ist nicht immer von vornherein deutlich. Es braucht einen Klärungsprozess. Wenn beispielsweise das Gut des Glücks und das Gut der Ethik in einen Konflikt miteinander geraten: Darf ich dann für eine bestimmte Glückserfahrung meine ethischen Grundsätze über Bord werfen? Oder muss ich andererseits in jedem Fall jedes Glück zugunsten der Ethik hintanstellen? Oder lassen sich die beiden Güter vielleicht doch in einem, wenn auch mühsamen Prozess vereinbaren?

Oder wenn in einer bestimmtem Situation verschiedene ethische Güter miteinander in Konkurrenz geraten: Welches Gut will ich da vorziehen? Darf beispielsweise ein Polizist einem Kindsentführer mit Folter drohen, damit dieser den Aufenthaltsort des Kindes preisgibt, das möglicherweise noch lebt?

Bewusst gebe ich zu diesen Fragen keine Antworten vor. Dies könnte zum einen die eigene Meinungsbildung durch bloße Übernahme allzu sehr abkürzen, zum anderen sind die Situationen, in denen ein Güterkonflikt stattfindet, so verschieden gelagert, dass wohl in jedem Fall eine eigene Güterabwägung erfolgen muss.

Zu den massivsten Konflikten zwischen Glück und Ethik gehört zweifellos das Dilemma von Freiheit und Bindung. Da heiraten zwei Menschen, finden Glück und Erfüllung an- und miteinander – und verspüren dann mit der Zeit einen immer stärker werdenden Drang nach neuer Freiheit, die ihnen ein

Mehr an Glück zu verheißen scheint als jenes, das die alt und eng gewordene Beziehung noch hergibt...

In diesem heutzutage geradezu klassischen Beispiel kommt der zweite Aspekt für einen gelingenden Sinn des Lebens ins Spiel. Nicht nur gut soll er sein, sondern auch tragfähig. Er soll sich auf Dauer bewähren. Gewiss hängt die Tragfähigkeit eines Sinns damit zusammen, wie gut er ist. Aber auch der beste Sinn trägt nicht, wenn er nicht in praktischer Anwendung immer wieder geübt wird. In obigem Beispiel haben sich die beiden vielleicht zu wenig Zeit eingeräumt, einander anzunähern und den vertrauten Umgang miteinander zu üben, haben den „Bund fürs Leben" vielleicht etwas voreilig miteinander geschlossen. Ebenso bedarf der Sinn des Lebens, wenn er gefunden wurde, der steten Einübung in entsprechendes Verhalten: in besonderen Übungszeiten ebenso wie im Alltag und streng genommen in jedem Augenblick. In der oft so banalen Wirklichkeit des Alltags erweist es sich, ob der eingeschlagene Sinn-Weg standhält oder ob er nur ein schönes Luftschloss ist.

Wie aber lässt sich der Sinn des Lebens üben? Wie kann er zu einer Praxis werden, die die weitere Lebensführung bestimmt?

Wenn jemand einen Daseins-Sinn für sich formuliert hat, so tauchen darin sicherlich einige Begriffe auf, die es wert sind, von Zeit zu Zeit näher betrachtet zu werden: Liebe, Freude, Demut, Glaube, Hoffnung und anderes mehr. Wenn solche Begriffe in meinem Lebenssinn vorkommen; wie steht es in der konkreten Lebensführung um deren Erfüllung? Sollte ich mir vielleicht durch einen guten Gesprächspartner, ein Buch zum Thema, einen Vortrag in einem Bildungswerk oder über Einkehrtage Anregungen holen, um den einen oder anderen Begriff zu vertiefen und mit neuem Schwung zu praktizieren? Hat sich vielleicht auch in meiner Lebensführung ein Verhalten eingeschlichen, das meinem selbstbestimmten Daseinssinn eher nicht entspricht, ihm womöglich sogar zuwiderläuft?

Es ist ratsam, sich mit solchen Fragen immer wieder zurückzuziehen und in die Stille zu gehen. Dort lassen sie sich innerlich so vor dem Fragenden ausbreiten, dass sein Geist und sein Gemüt sie in Ruhe betrachten kann. Eine Meditation, aber schon auch ein kleiner Spaziergang in der Natur „außer der Reihe" kann da neue und gute Erkenntnisse bringen. In solcher Betrachtung tut es nicht Not, Konsequenzen und Entscheidungen in zügigem Gedankengang herbeizuführen. Die Folgerungen aus der steten Betrachtung ergeben sich aus der Stille heraus, leise und wie von selbst. Solche Vorgänge können dauern. Sie können sich über etliche Betrachtungen hinziehen, sind aber dann umso tragfähiger.

Indem der in der Stille Verweilende die Begriffe und Aktivitäten, die seinem Leben Sinn und Inhalt verleihen sollen, in praktischer Anwendung und in reflektierender Betrachtung erschließt und zunehmend vertieft, geschieht etwas, das ebenfalls für deren Tragfähigkeit unabdingbar ist: Er macht sie sich zu eigen. Wie zuvor schon gesagt wurde, der Sinn des Lebens muss ein eigener, ein zueigen gewordener sein. Sicherlich ist es nicht verkehrt, sich mit seinen Sinnvorstellungen etwa in eine religiöse Gemeinschaft hineinzubegeben, von der er ähnliche Sinngebungen erwarten kann. Oder er folgt eine Zeitlang den Spuren eines spirituellen Lehrers. Doch dies allein genügt noch nicht. Der Sinn des Lebens muss ganz mit der eigenen Existenz erfüllt werden. Diese Erfüllung kann zur Folge haben, zu einem bestimmten Zeitpunkt zu seinem Lehrer oder der religiösen Gemeinschaft auf Abstand zu gehen oder diese sogar zu verlassen. Auch solche Konsequenzen sind mitunter nötig, um bei sich selber und seinem sinngeformten Dasein treu zu bleiben.

Der Sinn des Lebens erfüllt sich in diesem eigenen Dasein. Wie ein solchermaßen erfülltes Leben aussehen kann, will ich im nächsten Kapitel andeuten. Allzu konkret zu werden wäre Anmaßung; dies obliegt mir lediglich in Bezug auf mich selbst und meine eigenen Bemühungen um Sinnfindung und –bewährung. Insbesondere gehört es jedoch zum allgemeinen Standard eines erfüllten Daseins, alltagstauglich zu sein, und zwar insbesondere hinsichtlich der Herausforderungen, die sich im eigenen Leben einstellen: eine Krankheit, ein Verlust, eine Enttäuschung, eine andere innere oder äußere Not... hierin liegen die Prüfungen für den eigenen Sinn des Lebens, in denen er sich zu bewähren hat.

Eingangs dieser Betrachtung unternahm ich es, die Stille in einen größeren Zusammenhang zu stellen, nämlich in das Bemühen, dem eigenen Leben Sinn zu verleihen. Nunmehr schließt sich der Bogen durch umgekehrtes Vorgehen. Indem ich meinem Daseinssinn in seinem jeweiligen Entwicklungs- und Erkenntnisstand in einen Zusammenhang mit der Stille bringe, indem ich ihn immer wieder der Betrachtung in Stille aussetze, berühre ich eine Möglichkeit, dem gefundenen und erprobten Sinn neue Impulse zu verleihen. Darüber hinaus lässt sich der Sinn des Lebens mit der Stille gezielt um eine Dimension erweitern, die über das eigene irdische Dasein hinausgeht und in eine Wirklichkeit mündet, die nur sehr vorsichtig und unzureichend mit „Transzendenz", „Leerheit" oder auch „Himmelreich" angedeutet und umschrieben werden kann.

2. Erfülltes Dasein

Auf dem Grabstein des Philosophen Ernst Bloch findet sich die Inschrift: „Die Sehnsucht des Menschen, ein wirklicher Mensch zu werden". Damit bringt Bloch eine tiefe Hoffnung zum Ausdruck. Hoffnung ist ihm zufolge eine Grundhaltung, ein sinnstiftendes Prinzip für das menschliche Leben. Sie treibt die Menschen an, aus ihrem Leben etwas zu machen. Sie nährt die Zuversicht, dass sich das in redlichem und intensivem Bemühen Erstrebte in Wirklichkeit umsetzen lässt.

Im Allgemeinen bezieht sich die Hoffnung darauf, in Beruf und Gesellschaft erfolgreich zu sein und über die materielle Grundsicherung hinaus zu Wohlstand zu kommen. Gut soll's mir gehen und möglichst gesund möchte ich bleiben. Und Glück in der Liebe haben möchten wir natürlich auch – das wohl vor allem.

Genügt das? Wenn dies alles eintreffen sollte – ist man damit schon „ein wirklicher Mensch"? Und hält dann dieser Zustand ein für allemal vor?

Die Inschrift führt auf eine andere Spur. Sie besagt: Mensch wird und ist, wer das eigene Menschsein verwirklicht. Aber was ist „Verwirklichung"? Zu allgemein ist dieser Begriff gehalten, als dass ihm schon Konkreteres entnehmbar wäre. Was genau soll verwirklicht werden und wie?

Die erste Aussage zu dieser Frage, die ich allen anderen voranstellen möchte, erfolgt aus eigener leidvoller Erfahrung heraus. Einige Ereignisse hatten mich in meinem Leben an einen Punkt gebracht, an dem nichts mehr weiterging, ja, an dem alles zu Ende schien. Durch widrige Umstände, aber auch aus eigenem Unvermögen war ich in eine solche Situation geraten. Genau in dieser Zeit fiel mir ein Buch in die Hände. Der Titel des Werkes hatte mich angezogen, er lautete: „Die zerbrochene

Wirklichkeit". Die erste und zentrale Botschaft, die es für mich enthielt, lautete: Jetzt ist der Zeitpunkt gekommen, an dem du dich von allen Illusionen über dich und dein Leben verabschieden solltest. Hör' endlich damit auf, dir irgendetwas vorzumachen! Steh wenigstens dir selbst gegenüber zu dem, was du nun einmal bist und getan hast und wo du jetzt gerade stehst!

Jahre später fand ich dazu bei einem alten Zen-Lehrer diese Gedanken: „Wer sich selbst für einen guten Menschen hält, ist in Wirklichkeit keiner. Wer sich für einen schlechten Menschen hält, ist in Wirklichkeit nicht so schlecht. Deshalb ist es nicht weniger als ein Beweis von geistiger Klarheit, wenn du deine Illusionen als solche erkennst. Darüber hinaus gibt es keine Illusionen zu tilgen und auch keine Wahrheit zu erstreben" (Sawaki, S. 103).

Der letzte Satz mag rätselhaft erscheinen. Er besagt jedoch lediglich: Wer sich hinsichtlich seiner eigenen konkreten Wirklichkeit nichts mehr vormacht und zu dieser Wahrheit steht, hat bereits seine Illusionen getilgt, hat seine Wahrheit bereits gefunden, so dass er sie nicht mehr suchen muss.

Mach dir nichts mehr vor – der Autor der „zerbrochenen Wirklichkeit", der Psychotherapeut Leon Wurmser, stellt diesen Hinweis an den Anfang seiner therapeutischen Bemühungen. Nichts anderes als die Wahrhaftigkeit ist der erste Schritt, um aus leidvoller Existenz hin zu einem erfüllten Dasein zu finden. Alles andere entsteht – so Wurmser – aus dieser ersten entscheidenden Weichenstellung. Ein nächster Schritt kann sich dann behutsam entwickeln, nämlich, mich als der, der ich bin, einem oder einigen vertrauenswürdigen Menschen mitzuteilen. Wenn diese mich in meiner Befindlichkeit annehmen, werden sie mir auch helfen, zu einem neuen Dasein zu kommen, das wahrhaftig bleibt. Ohne sie ist das auch gar nicht möglich; ich brauche sie.

Wahrhaftigkeit ist eine Tugend. Sie einzuhalten fällt oft besonders schwer, je nachdem, wie sehr man in das Netz der eigengesponnenen Illusionen verstrickt ist.

Immer schon haben Menschen darüber nachgedacht, worin die Tugenden bestehen, die zu einem guten Dasein führen. Denn es geht ja in der Verwirklichung des Menschseins nicht nur darum, die in jeder Person angelegten Talente zur Entfaltung zu bringen. Gewiss, das Ausschöpfen des in jedem Einzelnen vorhandenen Potentials an Möglichkeiten gehört zu den vornehmlichen Aufgaben der menschlichen Existenz. Da jedoch nicht alle der vielen angelegten Talente ausgeschöpft werden können, bedarf es schon hier einer Tugend – nämlich der Gabe der klärenden Unterscheidung. Mit dieser Gabe ist eine Wahl möglich, welche Talente weiter verfolgt und intensiviert werden sollen und welche man bis auf Weiteres hintanstellen kann.

Wahrhaftig sein, unterscheiden können – die Checkliste für gelingendes Dasein ist eröffnet. Weitere Einträge können nun folgen, aus eigener stiller Überlegung heraus oder auch unter Verwendung literarischer Vorgaben. Solchen Vorgaben zufolge soll der Mensch klug, gerecht, mutig und maßvoll sein, wenn er zu einem von Glück erfüllten Leben kommen will.

Der Apostel Paulus zählt in einem Brief an die Galater-Gemeinde weitere Tugenden auf: Liebe, Freude, Geduld, Freundlichkeit, Güte, Treue, Sanftmut und Selbstbeherrschung – und er nennt solche Tugenden „die Früchte des Geistes".

Der Psychoanalytiker Erich Fromm würde hierzu sagen, mit all diesen Tugenden möge der Mensch seinen Charakter aufbauen.

Um die Frage, ob diese Tugenden nun ebenso wie die Talente im Menschen angelegt oder von außen, also von der Gesellschaft her in ihn eingepflanzt sind, muss es hier nicht gehen. Wichtig ist, die Bedeutung der einen oder anderen Tugend für das eigene konkrete Leben zu erkennen und in deren Einübung zu einem Menschen heranzureifen, dessen Dasein erfüllt ist. Dabei sind die Tugenden einem Bedeutungswandel unterworfen – zu bestimmten Zeiten sind gerade jene Tugenden angesagt und zu anderen Zeiten sind andere aktuell. Dieser Prozess setzt sich immer fort. Inwieweit solches Heranreifen irgendwann vollendet ist, steht dahin. Eher ist davon auszugehen, dass es niemals endet. Es durchzieht das ganze Leben. Schon mit jedem Lebensalter stellen sich ja wieder neue Herausforderungen ein. Wohl aber lassen sich in einem gelingenden Dasein Fortschritte feststellen und manchmal sogar Meilensteine.

Wie aber kommt ein Mensch zu seinen Tugenden? Wie findet er heraus, welche für ihn persönlich jetzt gerade angesagt sind?

Während ich diese Zeilen schreibe, sitze ich in der Gastzelle eines Klosters. Es ist still hier, sehr still. Die laute Welt ist ganz zurückgenommen. Informationen dringen kaum noch durch. Wie soll hier nur die Zeit vergehen, ohne Medien, ohne Zerstreuung, ohne Telefon? Wie soll ich so ganz ohne Zeitung und Diskussionen und Vorträge und Literatur zu einer Lösung der Fragen kommen, die mich beschäftigen?

Dann das Erstaunliche. Die Zeit wird nicht lang, obwohl sich nichts ereignet – obwohl ich sie hier mit nichts verbringe. Indem ich mich auf den Rhythmus des Klosterlebens einlasse mit seinen Arbeit- und Gebets- und eben vor allem Ruhe-Zeiten, erschließe ich mich mir selbst. Der Geist wird frei von überflüssigem Ballast. Er beruhigt sich. So wird er wach und offen für das Unerwartete. Er findet Gedanken und kann sie ins Wort bringen, ohne darum ringen zu müssen.

Ah, ich spüre, mein Körper braucht Bewegung. Also gehe ich hinaus ins Freie. Unterwegs begegnet mir jemand und wir neigen die Köpfe zum stummen Gruß. Dann bin ich wieder ganz bei mir.

Die Abläufe des Alltags sind an diesem Ort auf das Wesentliche beschränkt. Sie sind einfach und geordnet. Nichts Überflüssiges soll von dem ablenken, wozu der Einzelne hier ist: die Ausrichtung seiner selbst auf ein erfülltes Dasein hin.

Draußen nieselt es gerade, aber das tut nichts zur Sache. Ich gehe nur und schaue. Nehme wahr, was da ist und mir begegnet. Kein Kommentar, keine Wertung – so wie die Dinge sind, so dürfen sie auch sein. Auch ich kann jetzt so sein wie ich bin – nur da sein.

Da und dort verweile ich. Lasse auf mich wirken, was da ist. Das ist alles. Nichts muss vonstatten gehen, nichts muss vorangebracht, forciert werden. Und die Zeit – ich nehme sie kaum noch wahr. Kein „Was mache ich jetzt?", kein „Ich müsste doch noch…".

Dann fällt mir ein altes, lange vergessenes Wort ein. Der Maler Roland Litzenburger soll es auf seinem Sterbebett gesagt haben: „Hinschauen und warten: Und es wird sein. Wir werden sehen. Wir brauchen nichts zu tun."

Und es ist, als ob mir die Bedeutung dieser Worte jetzt erst aufgeht.

Auf solche Weise, auf dem Weg der Stille also lassen sich die Tugenden und überhaupt die Bausteine finden, die dem eigenen Leben Sinn und dem Dasein Fülle verleihen sollen. Der Mensch entdeckt sie, indem er in sein eigenes Inneres schaut.

Dennoch schadet es nicht, auch nach Elementen Ausschau zu halten, die andere gefunden haben. Auch im Kloster ist ja der Einzelne nicht voll und ganz sich selbst überlassen. Die Gemeinschaft trägt ihn. Über den Tag verteilt gibt es Zeiten, die der gemeinsamen Aufnahme geistiger Nahrung vorbehalten sind, Zeiten des Gebets und der Liturgie. Die Angehörigen dieser Gemeinschaft und ihre Gäste sind Weggefährten, die einander ihre Gedanken mitteilen, die einander sogar auch in der Stille spüren.

Einige dieser Elemente möchte ich nun zur Sprache bringen – so gut ich es vermag; denn es sind ja nicht die eigenen, selbst gefundenen. Manche von ihnen kommen mir bekannt vor und ich kann sie meinem Verständnis erschließen und mir sogar zu eigen machen. Andere sind mir eher fremd. Aber warum sollte der eine oder andere Leser nicht gerade mit diesen etwas anfangen können!

Da ist, wie so oft, Aristoteles zu erwähnen. Er sieht „das Gute" als Sinn und Ziel menschlichen Handelns. Erfülltes Dasein ist demnach die Führung des Lebens im Guten und auf das Gute hin. Dabei kann der Mensch glückselig werden. Aber was ist „das Gute"? Von vornherein ist das ja nicht immer klar. Im Gegenteil, so manches, was zunächst als gut erscheint, erweist sich später als Übel. Und mit den Menschen, die den eigenen Lebensweg kreuzen, verhält es sich ebenso. Wir Menschen müssen also, jeder für sich, erst herausfinden, wer und was das Gute fördert und was ihm schadet. Dafür gilt es, im Lauf der Zeit und mit den damit verbundenen Erfahrungen, das entsprechende Gespür zu entwickeln.

Platon verbindet das Gute mit dem Begriff der Harmonie. Damit lehnt er sich an den Arzt Hippokrates an. Dieser definiert Gesundheit als innere Harmonie des Körpers, die auf dem Gleichgewicht der Stimmungen beruht und die im Krankheitsfall wieder herzustellen ist. Platon versteht unter der Harmonie einen Ausgleich zwischen den Grundaktivitäten der menschlichen Seele, nämlich dem Denken, dem Wollen und dem sinnlichen Begehren. Keine der drei soll im Bestreben der Seele auf Dauer die Führung übernehmen. Dies schafft nur Abhängigkeiten, die dem Menschen Schaden zufügen. Bei rein von der Lust oder bei nur von der Vernunft gesteuerten Menschen kommen die anderen Anteile zu kurz und werden womöglich sogar unterdrückt. Erfülltes Dasein nach Platon bestünde demnach darin, die Bestrebungen des Denkens, des Wollens und des sinnlichen Begehrens in eine harmonische Übereinstimmung, in ein Fließgleichgewicht zu bringen. Die drei Aspekte lassen sich mit Wanderern vergleichen, auf deren Weg mal der eine und mal der andere und mal der Dritte vorangeht – je nachdem, was der Weg gerade an Anforderungen bereithält und wie der Einzelne gerade in Form ist. Auf diese Weise und indem sie einander als Gleichberechtigte zuarbeiten, können sie gemeinsam ihr Ziel erreichen.

Spätestens mit dem Christentum verlagert sich der Ort des Glücks. Nicht mehr im Menschen selbst, sondern außerhalb seiner Existenz sei das Glück als das Ziel eines erfüllten Daseins zu suchen und zu finden. Wo aber ist dieser Ort? Die Antwort ist klar: allein in Gott. Der aktuelle Katechismus der Katholischen Kirche formuliert hierzu eindeutig: „Wir sind auf Erden, um Gott zu dienen, ihn zu lieben und einst ewig bei ihm zu bleiben." Demnach hat der Mensch mit der Hingabe an Gott als dem absoluten und übergeordneten Ziel seine eigenen Bedürfnisse hintanzustellen. Dafür aber findet er ein Glück, das, wie es in der katholischen Totenliturgie heißt, „diese Welt nicht geben kann".

Obschon auch im Buddhismus das persönliche Ich ebenfalls nicht viel bedeutet, da es ja nur relativ, also vorübergehend existiert, findet sich dort in Bezug auf das Glück eine geradezu gegenteilige Auffassung. Nicht außerhalb bei irgendeinem

Gott,, sondern zuallererst im eigenen Selbst, im innersten Wesenskern des Menschen, sei das Glück zu suchen und zu finden. Dieses Glück ist bereits voll und ganz vorhanden, jedoch durch verschiedene Umstände verdunkelt. Erfülltes Dasein besteht demnach bei Buddha darin, die Verdunkelungen aufzulösen und dabei sich selbst zu erkennen und aus den Erkenntnissen heraus entsprechend zu handeln. Hierfür steht dem Menschen ein eigener und zugleich universaler Geist zur Verfügung, der sich stets in diesen Aktivitäten üben soll.

Ein weiterer Denkanstoß kommt von Immanuel Kant. Erfülltes Dasein ergibt sich ihm zufolge nicht allein aus einer glückseligen Befindlichkeit, sondern insbesondere durch moralisch gutes Handeln. Nicht, um es sich so bequem und angenehm wie möglich zu machen, sei der Mensch auf der Welt, sondern um Gutes zu tun. Allein daraus, dass Gutes getan werden muss und der Mensch dazu in der Lage ist, kann er seine Existenzberechtigung ziehen. Daher ist es gut und sinnvoll, dass es Menschen gibt. Allerdings müssen diese, muss jeder Einzelne für sich selbst herausfinden, was moralisch gut und richtig sei. Daraus ergibt sich eine innere Verpflichtung, dem sittlich Guten mit Ehrfurcht zu begegnen und entsprechend zu handeln. Mit derart großen Aufgaben ist der Mensch vollauf beschäftigt und damit ist sein Dasein erfüllt.

Zu dieser Auffassung ist eigentlich nur noch eine Gegenposition denkbar. Auch sie entsteht in der geistigen Strömung Kants, der Aufklärung. Später wird sie vom Existenzialismus aufgegriffen und weiterentwickelt. Schaut man nämlich, so diese Auffassung, auf die reale Welt, so wie sie ist und sich gibt mit all ihrem Elend, so kann man nur zu dem Schluss kommen, dass sie sinnlos ist. Angesichts der Willkür der Zeitläufe ist weder innerhalb noch außerhalb des Menschen Sinn erkennbar, aus dem sich erfülltes

Dasein ableiten ließe. So gibt die Welt für den Schriftsteller Albert Camus ein geradezu absurdes Erscheinungsbild ab:

„Die Verfremdung ergreift uns. Die Wahrnehmung, dass die Welt dicht ist, undurchdringlich für uns. Die primitive Feindseligkeit der Welt, die durch die Jahrtausende besteht, erhebt sich wieder gegen uns. Eine Sekunde lang verstehen wir die Welt nicht mehr. Jahrhunderte lang haben wir in ihr nur die Bilder und Gestalten gesehen, die wir zuvor in sie hineingelegt hatten. Und nun verfügen wir nicht mehr über die Kraft, von diesem Kunstgriff Gebrauch zu machen. Die Welt entgleitet uns. Sie wird wieder sie selbst. Die gewohnheitsmäßig maskierten Kulissen werden wieder, was sie wirklich sind. Sie rücken uns fern. Diese Dichte und Fremdheit in der Welt sind das Absurde."

So fatalistisch, ja destruktiv diese Auffassung erscheinen mag – sie ist ernst zu nehmen. Denn tiefer als alle mehr oder weniger spekulativen Sichtweisen fühlen sich die Existenzialisten unbedingt der Wahrheit verpflichtet, also der ganz und gar nüchternen, möglichst objektiven Erfassung der Wirklichkeit, wie sie nun einmal ist. Damit wird gerade der Existenzialismus jenem Grundsatz, den Leon Wurmser als Ausgangspunkt allen Bemühens um Erkenntnis und Selbstwerdung – nämlich, sich selbst und anderen nichts mehr vorzumachen – gerecht.

Es steht dahin, ob Camus' Sicht der Welt diese wirklich korrekt realistisch wiedergibt. Wenn sie aber zutrifft: Kann er damit dem Dasein überhaupt noch einen Sinn abgewinnen?

Viele Existenzialisten verneinen diese Frage. Camus aber bejaht sie durchaus. In der Konsequenz seiner Auffassung bestünde erfülltes Dasein darin, es in dieser als absurd und sinnlos erkannten Welt dennoch bewusst und trotzig auszuhalten. Gerade darin läge die besondere Bestimmung des Menschseins: „Leben heißt, das Absurde leben zu lassen. Das Absurde leben zu lassen heißt, ihm ins Auge zu sehen." Damit knüpft er an den Sisyphos-Mythos aus der griechischen Antike an. Er ergänzt ihn jedoch um die Einsicht, dass ein mit dieser Einstellung lebender Mensch glücklich ist, da er ja einen Sinn seines Lebens gefunden hat. Zudem bewirkt ein solchermaßen angelegtes Leben einen existenziellen Akt der Befreiung, da es ja nun nicht mehr geboten ist, sich an die Konventionen der als absurd erkannten Welt zu halten.

Erfülltes Dasein – was ist das nun? Die vorgestellten Überlegungen habe ich nicht aufgeführt, um Verwirrung zu stiften. Sie sollten vielmehr aufzeigen, wie vielschichtig dieses Thema angedacht werden kann – und muss. Alle eingebrachten Aspekte verdienen Beachtung. Wird einer davon zu wenig oder gar nicht berücksichtigt, kann er gerade dadurch Punkte sammeln und sich in einer Weise breit machen, die einem sinnerfüllten Dasein abträglich ist. Ob der einzelne Mensch sich nun vorzugsweise für die Wahrheit, die Güte, den Frieden, das Glück außerhalb oder innerhalb seiner selbst entscheidet, ob er dem moralischen Handeln den Vorzug gibt oder der heroischen Lebensweise der Existenzialisten oder einen anderen Aspekt hervorheben will: Jeder muss selbst entscheiden, zu welcher Auffassung es ihn hinzieht. Wichtig ist nur, dass er sich eine eigene Grundeinstellung erschließt und aus dieser heraus sein Leben gestaltet. Korrekturen sind dabei immer möglich. Auch die Grundeinstellung kann sich wieder ändern; dies ist oft mit dem Wechsel der Lebensstufen der Fall.

Welchen Beitrag aber nun die Stille zu alledem leisten kann und was es für qualifizierte Erkenntnisse so notwendig macht, in die Stille zu gehen – dies wird nun im Folgenden auszuführen sein.

3. Der Beitrag der Stille

Gleich eingangs sei gesagt: Stille kann zwar dazu beitragen, Erkenntnisse zu gewinnen, aber sie lässt sich nicht verzwecken. Es ergäbe keinen Sinn, sie in den Dienst einer Zielsetzung zu stellen. Dies würde die Übung der Stille auf ein zu erwartendes Ergebnis hin festlegen, eingrenzen und damit behindern. Dies wiederum würde sich auf das Ergebnis, nämlich die Erkenntnis, negativ auswirken. Es ist durchaus möglich, mit einer Fragestellung, etwa der Frage nach dem Sinn und der Erfüllung des eigenen Daseins, in die Stille zu gehen. Dort aber fährt man am besten, wenn man sich getrost der Stille voll und ganz überlässt und dabei die mitgebrachte Frage gewissermaßen „vergisst". Wenn also nur reine Stille geübt wird, ohne abgehobene Zielvorstellungen, genau dann stellen sich erstaunlicherweise mit der Zeit Wirkungen und unerwartete Ergebnisse ein. Sie kommen von selbst, buchstäblich aus dem Nichts; der Übende braucht „nichts zu tun".

Warum das so ist, hängt damit zusammen, dass der Stille in Bezug auf den Wesenskern von Mensch und Sein und Sinn weitaus mehr Bedeutung zukommt, als es zunächst den Anschein hat. So schwierig es auch erscheint, diese Bedeutung in Worte zu fassen, will ich doch versuchen, diese Bedeutung der Stille für uns Menschen zu erschließen.

Zwischen den letzten Zeilen und den folgenden liegt eine längere Pause. Die Herausforderungen des Alltags, das soziale Engagement, eine schwierige Recherche zu diesem Buch, eine Reise und eine körperliche Unpässlichkeit hatten sie hervorgerufen. Zwischenzeitlich schien mir der Kontakt zur Thematisierung der Stille und zu ihr selbst abhanden gekommen zu sein. Der Rhyth-

mus meines Alltags war durcheinander geraten. Wie es manchmal mit vertrauten Gegenständen geschieht, war mir der Kontakt zu diesem Buch und seinem Thema verloren gegangen. Es war ungewiss, ob ich die Arbeit daran würde fortsetzen können.

Dennoch hat mich die Stille selbst nie verlassen, in keinem Augenblick. Vielmehr war ich es, der ihr zu wenig Zeit und Raum gegeben hat, um sie zu spüren. In der täglichen Meditation, die ich in diesen Wochen weiter geübt habe, gab sie sich zu erkennen. Während einiger über den Tag hin verstreuten Augenblicke trat sie hervor. Aber insgesamt empfand ich diese Zeit im Hinblick auf die Stille eher als eine Durststrecke. Und ich könnte nicht behaupten, dass sie nun schon ganz vorüber wäre.

Die Durststrecke ist hierbei kein beliebig gewähltes Bildwort. Denn in solchen Phasen lebt man wie in einer Wüste, in der kaum Nahrung und wenig Wasser vorhanden scheinen. Das Wasser der Stille, das Körper, Geist und Schreiben von innen heraus belebt und erfrischt, fließt nur spärlich. Und wie jede Wüste will auch diese von mir Besitz ergreifen. Sie ist zunächst ja nur um mich herum, aber sie will mich ihr einverleiben, sich an die Stelle der Stille setzen, so dass ich selbst zur Wüste werde und dabei jede eigene Kontur verliere.

Zeiten wie diese kennt jeder Meditierende. Auch der Buddha blieb von ihnen nicht verschont. Doch auch sie lassen sich als Einladung zum Üben verstehen. Es gilt, in solchen Durststrecken – etwa während einer längeren schweren Krankheit – das Bemühen um die Stille durchzuhalten und dabei ruhig zu bleiben: in täglicher Meditation, in der Wahrnehmung stiller Augenblicke. Der tibetische Gelehrte Longchenpa sagt hierzu sinngemäß: Wir müssen alles, auch die fürs Stillsein widrigen Umstände, achten lernen. Auch die Dürre einer Wüste sollte als außerordentlich gut und förderlich für das Zusichselbstkommen in der Stille angesehen werden. Dazu tut es nicht not, dass ich mir in meinem Bemühen um die Stille Gewalt antue, indem ich sie herbeizwingen will. Dabei würde ich nur äußerlich und innerlich verkrampfen – und die Stille verfehlen. Vielmehr sind Geduld und Beharrlichkeit die Tugenden, die jetzt gefragt sind. Sie sind möglich im Vertrauen darauf, dass auch diese Durststrecke einmal ein Ende haben wird, wie schon so manch andere zuvor. Und Gelassenheit ist gefordert, insbesondere was die selbstgesteckten Ziele meines spirituellen Bemühens betrifft. Denn solche „Wanderungen in der Wüste" sind immer ergebnisoffen. Dies wiederum bedeutet in harter und letzter Konsequenz: Auch Scheitern ist möglich. Denn wer sich auf die Wüste einlässt, wird von ihr, auf ihre Weise, in seiner gesamten eigenen Existenz ergriffen und erst wieder entlassen, wenn er sie wirklich bestanden hat. Die Wüste prüft, wie stark das Vertrauen des Übenden in den Fortgang seines Daseins ist.

Von den oben skizzierten Herausforderungen des Alltags ist wohl jeder Mensch in eigener Weise betroffen. Vielfach wird daraus die Unmöglichkeit abgeleitet, der Meditation Zeit und Raum zu geben. Dies ist nur allzu verständlich. Jedoch, schon um sich von den Verpflichtungen des Alltags nicht gänzlich vereinnahmen zu lassen: Ist es da nicht geradezu überlebensnotwendig, der Stille im eigenen Dasein auf diese oder jene Weise immer wieder Raum und Zeit zu geben?

Und sei es nur für einen Augenblick... gerade jetzt.

Von obiger Betrachtung her erscheint die Stille als ein Weg, ein Ausweg, um den Alltag mit seinen Lasten erträglicher zu machen. Aus der Stille heraus lässt sich dieser Alltag anders gestalten, lässt sich der gewohnte Trott durchbrechen. Darin liegt eine gute erste Bedeutung der Stille. Sie ermöglicht es, innerlich Abstand zu nehmen von den Aufgaben des Alltags und diese gerade dadurch besser anzugehen. So ermöglicht sie neue Sichtweisen. Sie erlaubt mir, die Dinge, in die ich verstrickt bin, aus einem betrachtenden Abstand heraus wahrzunehmen und zu beurteilen. Sie eröffnet eine vielleicht vordem nie gekannte innere Freiheit, wie sie nicht einmal ein sexueller Akt hergibt. Warum? Weil wir Menschen zwar auch im sexuellen Ereignis, sofern es beiderseits von ehrlicher Zuneigung und freiem Wollen getragen ist, an die spirituelle Dimension unseres Daseins angeschlossen sind, jedoch anders als in der Stille. Dort eröffnet sich diese Dimension direkt, unmittelbar, gleichsam entmaterialisiert. Und die Spiritualität ist in diesem Zusammenhang jene Freiheit, die nicht „über den Wolken wohl grenzenlos" ist, sondern geradewegs selbst in jedem Menschen wohnt.

Es ist also die Freiheit, den der Beitrag der Stille gewährt. Dies ist einer ihrer zentralen Aspekte. Aus dem Anders-Sein in der Meditation ergibt sich ein Anders-denken-Können und mit der Zeit sogar ein Anders-sich-Verhalten. Starre Konventionen und innere Blockaden lösen sich auf. Die Freiheit, die die Stille eröffnet, führt zu einem anderen Dasein – zu einer authentischen und wahrhaftigen Existenz, in der der einzelne Mensch mit sich selbst immer weitergehend identisch ist.

In einem weiteren Aspekt ist die Stille auch mit der vorhin erwähnten Wüste vergleichbar. Sie wirft nämlich ebenfalls den Menschen auf sich selbst zurück. Er kann nicht mehr vor sich davonlaufen. Die Zerstreuungen, mit denen er sich und seinen Lebensthemen immer wieder ausweichen konnte, greifen nun nicht mehr. Seine Mängel und seine Bedürfnisse treten jetzt deutlich hervor, seine charakterlichen und ethischen Defizite werden offenkundig und lassen sich ehrlich eingestehen. Zugleich aber, oder nur ein wenig zeitversetzt, treten auch seine Möglichkeiten zutage. Stärker gefordert als im Alltag entwickelt er die Fähigkeiten, seine Wüste zu bestehen, deren Existenz und Ausmaß er zuvor vielleicht noch nicht erkannt hatte. Durchhaltestrategien werden entdeckt und auf ihre Tauglichkeit hin erprobt. Die Stille macht deutlich, welche davon dauerhaft oder wenigstens kurzfristig Erleichterung gewähren oder welche als untauglich verworfen werden müssen.

„Das bringt doch alles nichts!", lautet eine in diesem Zusammenhang oft ausgesprochene Einsicht. Strategien dürfen keine billigen Tricks sein. Sie müssen echt sein, sie müssen zu ihrem Anwender genau passen und der konkreten Situation angemessen sein.

Die Stille kann aber auch eine Situation herbeiführen, die keine Strategie mehr zulässt. Dann brechen alle Konzepte weg und damit auch sämtliche Theorien und der Mensch steht zuinnerst vollkommen nackt da – vor sich selbst und, wenn man so will, vor Gott. Dies kann das endgültige Scheitern für dieses irdische Leben bedeuten. Es kann aber auch – wenn die Stille gut geübt wurde – zu der Einsicht führen, dass auf dieser Stufe seiner Existenz Strategien und Theorien, um wahrhaftig zu leben, gar nicht mehr erforderlich sind. Der Ausdruck im Zen-Buddhismus hierfür ist „shikantaza" – sitzend üben ohne alle Methoden, Meditationsobjekte und sonstige Hilfsmittel, nur da sein in gedankenfreiem, wachem Verweilen.

Aus diesem zweiten Aspekt der Stille geht ein dritter hervor. Sie führt nämlich nun den Menschen in sein eigentliches innerstes, ureigenes Wesen. Sie führt ihn sich selber zu.

Ähnliches wurde bereits von der Spiritualität gesagt. Stille, verstanden als Kern und Essenz jeglicher Spiritualität, erfüllt deren Anspruch, Weg des Menschen zu sich selbst zu sein, in reiner und direkter Art und Weise.

Somit kann der Beitrag der Stille zum gelingenden und erfüllten Dasein des Menschen wie folgt ausgesagt werden: Sie führt ihn in seinen Wesenskern hinein; sie zeigt ihm seine äußersten Grenzen und Möglichkeiten auf; sie gewährt ihm eine geradezu grenzenlose, von Bedingungen jeglicher Art unabhängige Freiheit.

In all dem erweist sich die Stille als Weg. Es gibt jedoch Hinweise darauf, dass sie auch mit dem Ziel des menschlichen Bemühens um Glück und Authentizität zu tun hat, ja, dass sie nicht nur Weg, sondern auch Ziel ist.

Zunächst ist sie schon deshalb ein Ziel, weil sie der Mensch, der sich in sie einübt, ja erst finden muss. Paradoxerweise stellt sie sich in der Wahrnehmung nicht automatisch ein, obwohl sie überall bereits vorhanden ist. Aber die vielen Ablenkungen – irdische Umstände und die damit verbundenen Sorgen oder auch Leidenschaften – hindern daran, sich ihre Anwesenheit zu vergegenwärtigen.

Aus diesem Grund ist es erforderlich, sich in die Stille hinein zu üben, um sie sich in ihren Tiefen näher zu erschließen. Dies wird im nächsten Kapitel zur Sprache kommen.

So aber nun der Mensch in steter Übung dieses Ziel erreicht – was findet er? Was ist es, was Buddhisten mit „Erleuchtung" umschreiben oder Christen vielleicht mit „Großer Himmelsschau"? Findet er nun endlich einen Gral oder die Weltformel? Oder findet er endlich sich selbst oder die Liebe oder sonst irgendein Wort, oder sind da gar keine Worte mehr?

Ach, er findet nichts von alledem. Er findet, so er in die Stille geht und dieser in sich Raum zu geben sucht, immer nur die

Stille wieder, sie selbst, und sonst nichts. Sie hält keine Antworten parat, es gibt in ihr keine Erwiderungen mehr.

An diesem Punkt der Einsicht in die Stille möchte man schier an ihr verzweifeln. Ihr antwortloses Schweigen erscheint tödlich.

Tatsächlich ist alles Fragen und Antworten in der reinen Stille in sich zusammengefallen, als hätte es nie existiert. Auch alle Emotionen sind verschwunden. Selbst das Empfinden von Glück war nur eine vorübergehende Begleiterscheinung beim Entdecken der Stille. Und auch alle Entscheidungen und sämtliche Aktivitäten sind in ihr aufgehoben. In ihrer reinsten Präsenz und in ihrem vollkommenen Erscheinen ist die Stille nur noch Stille. Als solche ist sie vollkommen leer.

Sie ist also nicht nur ein Weg, eine Methode, etwa um weise zu werden, sie selbst ist Weisheit. Doch diese Weisheit ist entleert, ist in sich ohne Inhalt, „ohn' Warum".

Und dennoch ist die Stille dessenthalben nicht nichts. Zumindest bewirkt sie nämlich eine ganze Menge. Schon auf dem Weg dorthin hat sie das Leben der Übenden verändert. Deren zuvor vielleicht chaotisches oder sehr von Leid geprägtes Dasein klärt sich, ordnet sich. Es vervollkommnet sich weiter. Die Verhaltensweisen prägen sich im Gefolge der lang geübten Stille aus zu einer liebevollen und zugleich von innerer Ruhe erfüllten Existenz. Die Bewertung der Dinge und aller Begehrlichkeiten relativiert sich, da ja auch diese endlich und begrenzt und daher, so die neue Einsicht, nur bedingt lebenswert sind. Grundeinstellungen und Lebensläufe, selbst tiefgreifende Prägungen, so festgeschrieben und unumstößlich sie auch in einem Menschen verankert sind und unerbittlich zu lebenslänglichem Leid zu verurteilen scheinen – in der Stille lösen sie sich auf wie nichts. Allenfalls bleiben da noch Narben, doch auch sie verschwinden mit der Zeit in der Stille. Auch Raum und Zeit selbst lösen sich in sie hinein auf.

Und das kleine Ich? Indem es sich in der Leerheit der Stille auflöst, weitet es sich grenzenlos aus, wird eins mit ihr.

Ist sie etwa nur ein schwarzes Loch?

Wie kommt es aber dann, dass ein solches Nichts wie die Stille derartige Wirkungen hervorrufen kann? Mit gebotener Vorsicht lässt sich dazu sagen: So leer die Stille in sich ist, so scheint sie dennoch als solche zwar keinerlei Materie, aber dennoch eine Menge an Informationen zu enthalten. Und diese Informationen sind wiederum auf das menschliche Leben hin anwendbar.

Was also ist nun die Stille, die in ihrer Leerheit allein schon auf dem meditativen Übungsweg dorthin solches bewirkt? Ist sie ein Vakuum, aus dem heraus alles, also das gesamte Universum, entsteht und letztlich wieder in sie hinein zusammenfällt? Ist sie der eigentliche Urgrund von Geist und Materie? Hat sie eine Seele, ein Bewusstsein? Ist sie die Mitte, der innerste Kern des menschlichen Bewusstseins? „Gibt" es sie überhaupt, im klassischen Sinn, da sie ja leer ist? Kann man sie mit Gott gleichsetzen? Oder mit dem Tod? Ist sie die eigentliche und wahre Natur, der Wesenskern all dessen, was existiert?

Am wahrscheinlichsten ist wohl, dass sie sich jeder Umschreibung, jeder näheren Bestimmung und Benennung letztlich entzieht. Die oben aufgeführten diesbezüglichen Gedanken und Fragen sind dann lediglich Zugänge, die zu ihr führen können – sie selbst aber bleibt unbenennbar und unergründlich. Sie hat ja auch selber keinen Grund. Sie ist unerschaffen, grundlos, ohne Anfang, ohne Ende. Sie ist, genauso, wie sie nicht ist. Sie ist nur einfach da.

Wer sich aber der Stille öffnet und sich ihr erschließt, der erfährt – es kommt einem Wunder gleich! –, dass sie zugänglich ist. Er wird verschiedene Vorformen der Stille erfahren, in denen sie noch mit anderem vermischt ist. In beharrlichem Üben kann er aber die Große Stille finden, auf die alle Vorformen zurückgehen und dessen Urgrund sie ist. Und diese Stille besteht dann nur und ganz aus sich selbst. Sie ist einfach und einzigartig; als Wort gibt es sie nicht in der Mehrzahl.

Indem der Übende der Stille Raum in der Weite seiner Seele schafft, ergreift sie ihn und nimmt ihn für sich ein. Doch dieses Ergreifen geschieht nicht im tödlichen Hauch der Wüste, sondern in belebendem Durchdringen – des Daseins im Ganzen ebenso wie des eigenen Alltags. Diese Bindung erfüllt mit neuer Phantasie, mit anderem Denken und Handeln als in den alten Gleisen und Vollzügen. Der somit neu gewordene Mensch lebt nicht mehr in einer zerbrochenen, sondern in einer anderen Wirklichkeit, die er sich selbst mit ihrer Hilfe neu geschaffen hat. Er lebt, auch wenn er stirbt. Denn die Sprache der Stille ist die Zustimmung zu allem, was da ist und nicht ist. Dem Übenden wird diese Sprache vernehmbar.

Dies also ist, wo es um erfülltes Dasein geht, der Beitrag der Stille.

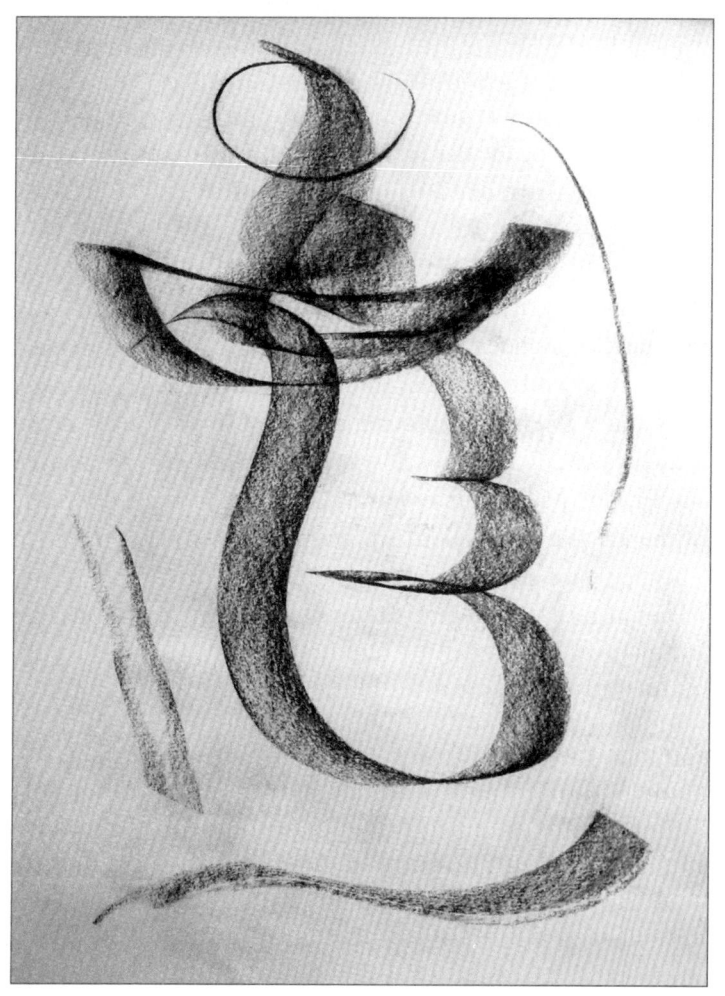

Die Übung der Stille

Es wurde deutlich: Die stillen Momente im Leben eines Menschen können – je nach Situation – das Dasein belasten oder auch beruhigen und vertiefen. Stille in Zeiten innerer Ohnmacht lässt einen schier verzweifeln. Nach stressigen Belastungen ermöglicht sie Erholung und Stärkung. In günstigen Augenblicken, etwa in Verbindung mit einem schönen Naturerlebnis, weiten sich in ihr Sinne und Gedanken. In der Stille wird der Mensch wesentlich.

Um aber die Möglichkeiten der Stille zu voller Entfaltung zu bringen, muss sie geübt werden. Davon soll nun die Rede sein.

1. Leben lernen

Lasst uns das Leben wieder leise lernen – irgendwann vor langer Zeit ist mir dieser Gedanke zugeflogen. Vor vielen Jahren erschien unter diesem Titel ein Fotoband von Oswald Kettenberger mit klugen Worten verschiedener Autoren.

Der Satz enthält in knapper Form genau das, worum es mir in diesem Buch geht. Lasst uns das Leben wieder leise lernen: Nicht nur ein kluger Poet, sondern jeder Mensch, dem sein Leben oder besser gesagt, seine gewohnte Lebensweise, an der er hing, aus irgendeinem Grund erschüttert wurde oder gar verloren ging, könnte auf diesen Gedanken kommen.

Nochmals zusammengefasst: Die Gründe für den Verlust an Leben und Lebensgefühl sind vielfältig. Eine enttäuschte Liebe, ein tragisches Ereignis, ein schwerer Abschied, ein Unfall, ein Krieg, eine Umweltkatastrophe, ein persönliches Versagen, ein massiver beruflicher Rückschlag, eine Krankheit, eine Gottverlassenheit, ein seelisches Leiden, ein Trauma oder eine Depression, eine Vereinsamung: Mit solchen Ereignissen und Zuständen reduziert sich das Leben, mitunter so sehr, dass es gar nicht mehr lebenswert erscheint.

Wem etwas widerfährt, das sein Dasein schwer belastet, es schier ihm abgräbt, der möchte sich je nach Temperament in sein Schicksal ergeben oder sich mit aller Macht dagegen stemmen.

Die weniger Belastbaren neigen dazu, zu resignieren. Ohne Gegenwehr verkümmern sie, stecken den Kopf in den Sand, erleiden Ängste, stellen sich tot, verwelkt ihr Leben.

Andere ergreifen die Flucht, laufen fort ins Ungewisse oder an einen Ort, ein Asyl, das ihnen bessere Zukunft verheißt. Sie übersehen dabei vielleicht, dass sie sich selber ja immer und überall mitnehmen und vor sich selbst nicht davonlaufen können.

Wieder andere leisten Widerstand. Wollen sich nicht mit ihrem Schicksal abfinden, stellen sich quer, kämpfen wie die Löwen – oder wie Don Quijote, der sich mit seinen illusionären Schlachten ob der Sinnlosigkeit seiner Bemühungen der Lächerlichkeit preisgibt.

Nicht selten wird die Energie des Widerstands auch dazu eingesetzt, Rache zu üben an denen, die vermeintlich oder tatsächlich die eigene Not verursacht haben. Dass damit neues Leid entsteht, ist ihnen egal.

Es ist nur zu verständlich, dass extreme Situationen ebensolche Reaktionen hervorrufen. Dies kann kurzfristig Linderung verschaffen oder sogar Lösungen eröffnen. Wo sich aber keine

Lösung einstellt und die extreme Reaktion auf Dauer gefordert ist, da verbraucht sie sich. Kein Mensch kann extremes Verhalten lange durchhalten. Er geht kaputt dabei. Und die Not, die ihm zu schaffen macht, ist nicht im Mindesten bewältigt.

Lasst uns das Leben wieder leise lernen: Wer inmitten seiner Not zu diesem Spruch findet, kann damit ein anderes Signal setzen.

Du kannst dich in diesen Satz einüben, dich mit ihm vertraut machen – etwa indem du aus deiner Resignation heraus aufschaust und dich umschaust und nur bewusst und ohne Wertung wahrnimmst, was alles um dich herum da ist. Wenn dir gefällt, was du siehst: Nimm es wahr, genieße es. Wenn dir etwas nicht gefällt: Stell' es einfach mal weg oder nimm behutsam eine Veränderung vor – oder versuche, diesen Gegenstand deiner Missbilligung ein wenig auszuhalten. Nimm wahr, was dabei geschieht in dir.

Wenn du aber nicht resignierst und vielmehr etwas unternehmen möchtest, um deiner Not zu begegnen – dann suche die Natur auf, einen Park, einen Wald... und nimm diesen Satz mit: Lasst uns das Leben wieder leise lernen. Achte nun im Gehen und Stehenbleiben darauf, was sich alles leise, fast im Stillen, in der Natur abspielt: das sanfte Wiegen von Zweigen im Wind, die Veränderung des Lichts im Wolkenzug, das stete Sichkräuseln einer Seeoberfläche, die Bemühungen von Insekten im Gras... Spüre einfach nur dem nach, was da ist. Vergegenwärtige dir von Zeit zu Zeit jenen Satz: Lasst uns das Leben wieder leise lernen.

Achte in einem weiteren Schritt auf dich selbst: wie du atmest, wie du dich bewegst, hier in der Natur. Wenn du eine Stelle findest, an der es dir gefällt – verweile dort.

*Und wenn du umkehren möchtest, so nimm auch diesen Weg
wieder auf und bringe die gewonnene Aufmerksamkeit mit in
deinen Alltag hinein.*

Das Leben „wieder" lernen: Das enthält das ehrliche Eingeständnis: Da ist etwas verloren gegangen. Ein Stück Lebensqualität oder mehr; etwas ist da ins Leben eingedrungen, das
es mir verleidet, vielleicht sogar vergiftet. Ich brauche mir da
nichts vorzumachen. Es ist so. Es packt mich und nimmt mich
in Beschlag, mehr als mir lieb ist.

Aus Wut oder Trauer heraus entsteht der Wunsch: Das Ver-
lorene – ich möchte es wiederfinden.

„Wieder" besagt, dass ich mich trotz aller Not dem Leben
wieder zuwenden, Verlusten entgegenwirken, Leben und Le-
bensfülle wieder neu gewinnen will, ohne Resignation und ohne
Krampf.

Wie soll es wiedergewonnen, neu gefunden werden?

Da steht es, dieses kleine, wunderbare Wort: leise.

*Erinnerst du dich, wie du zum ersten Mal in deinem Leben
Stille verspürt hast – und wie das war?*

*Nimm an einem ruhigen Platz eine entspannte Haltung ein,
aufrecht sitzend oder auf dem Rücken liegend. Schließe deine Augen und achte zunächst wieder auf deinen Atem, wie er
kommt und geht...*

*Nach einer Weile richte dein inneres Augenmerk auf deine
Kindheit, deine ersten Lebensjahre.*

*Nun erinnere dich: Gab es da einen Moment, ein Ereignis,
bei dem du erstmals bewusst Stille verspürt hast... Lass diese
Stille wieder in dir entstehen. Vergegenwärtige dir den Ort,
an dem dies geschah: die Gegenstände im Zimmer oder die*

Gegebenheiten im Freien... und lass nun diese Stille mit den
Bildern von damals wieder neu in dir entstehen.
Verweile darin, solange du möchtest.
Dann kehre mit einigen kräftigen Atemzügen wieder in die
Gegenwart zurück und öffne deine Augen.

Die Augenblicke einer Wiederentdeckung der Stille, ruhig, behutsam, enthalten einen eigenen Zauber. Das verhaltene Vorgehen, das zum Beginn noch mehr ein Verweilen ist, ein Innehalten
und Luft-holen-dürfen, ein Sicheinlassen auf das Naheliegende,
diese kleinen Schritte gewinnen an besonderer Bedeutung. Das
Unmögliche wird möglich: Gewalt pariere ich nicht mit Gegengewalt, ein Drama nicht mit einem heroischen Akt, sondern mit
Stille. Nicht mit der Stille der tödlichen Verwüstung in meinem
Inneren, auch nicht mit einer Stille aufgrund von Betäubung,
sondern mit jener Stille, die gewährt, die aufatmen und wieder
aufleben lässt. Es ist die achtsame Stille, die den kleinen, den
unscheinbaren, den vielleicht bis dahin gar nicht beachteten Dingen und Kräften des Lebens Raum gibt.

Etliche Zeit später, vielleicht erst nach Jahren, wird ein Übender sogar sagen können: Es bedurfte wohl dieser Not, um die
vielen kleinen Dinge in ihrer Bedeutung überhaupt erst wirklich
wieder zu entdecken.

Ein befreundeter Therapeut hat mir in diesem Zusammenhang einmal gesagt: „Erst mit dem Durchleben einer eigenen
Not und im leisen Neubeginn wurde es mir möglich, jedem
Menschen und auch jedem noch so gefallenen Gegenüber mit
großem Respekt zu begegnen."

Und in der Tat konnte ich ihm bestätigen, dass auch für mich
dieser Respekt spürbar war.

Ja, das hört sich gut an, das klingt alles sehr schön – aber wie finde ich jene Stille, die zu solchen Verhalten befähigt? Und selbst wenn ich sie finde: Bringt sie dann auch wirklich die große Lösung für meine Probleme und Nöte?

Wer sogleich, noch mitten in schweren Zeiten oder in einer Phase erster Beruhigung, nach der großen Lösung seiner Probleme fragt oder sie gar von der Stille einfordert, greift seiner Entwicklung weit voraus. Gewisse Ereignisse im Leben schlagen derart ein, dass es zum Heilen der inneren Wunden und zur Erlösung aus der Not viel, oft sehr viel Zeit braucht. Dies gilt insbesondere für das Trauma. Je länger jemand ein traumatisierendes Ereignis mit sich herumschleppt, vielleicht über Jahre hin gar nicht wahrnimmt oder wahrnehmen will und es nicht zügig therapeutisch abzuarbeiten sucht, desto schwerer wird es auch die Stille haben, dem Trauma beizukommen. Hier ist ein langer Atem angesagt – und Demut.

Gewiss darf und soll ein Betroffener von Anfang an den Wunsch nach einer großen Lösung hegen und äußern. Aber mit einem Zauberspruch, dem Produkt einer Allmachtsphantasie oder einem großen Rundumschlag wird sie sich nicht einstellen.

Wer die große Lösung will, muss zugleich einwilligen in den langen Weg dorthin. Er muss bereit sein, für diese Lösung viele kleine Schritte auf sich zu nehmen. Er muss sich in Geduld üben.

Da taucht es erstmals in diesem Zusammenhang auf, das Wort „üben". Es trifft das Geforderte. Wer sich auf der Suche nach der großen Lösung auf den langen Weg der vielen kleinen Schritte einlässt, benötigt dazu Geduld und Ausdauer. Vielleicht bleibt ihm die Einsicht in die große Lösung sogar über einen langen Zeitraum versagt. Sie kann jedoch nur in beharrlicher Übung erreicht werden.

Wäre diese Lösung allein über einen gedanklichen Prozess erreichbar, so ginge dessen Verlauf vielleicht schneller vonstatten. Aber eine Lösung, die zu einem Ausweg aus der persönlichen Not führen soll, kann sich nicht mit noch so schlauen Berechnungen und Konstruktionen einstellen. Auch ein eventuell vorhandener materieller Wohlstand trägt letzten Endes nicht zu einer solchen Lösung bei. Er verhindert sie sogar eher, weil er die Möglichkeit zu Ersatzbefriedigungen eröffnet.

In einer echten, wirklich wirksamen Lösung geht es um etwas völlig anderes. Denn sie bezieht sich auf die Grundeinstellung, die ein Mensch zu seiner Not und überhaupt zu seinem ganzen Dasein hat. Die große Lösung erfordert es, diese Grundeinstellung zu erkennen und gegebenenfalls radikal zu verändern, so dass sie es dem Betroffenen ermöglicht, eben von Grund auf mit seinem in Not geratenen Leben klarzukommen und es zu bewältigen und sogar aktiv zu gestalten. Die wirklich große Lösung ermöglicht eine kühne Aussage: Es ist nicht entscheidend, ob die Not darüber verschwindet oder bleibt. Wenn sie bleibt, so bewirkt die große Lösung eine Einstellung zu dieser Not und ihrer Ursache, mit der sie ihre Schrecken verliert, so dass sie nicht mehr lastet. Wenn sie geht – umso besser; dies schließt jedoch nicht aus, dass vielleicht neue Nöte auf diesen Menschen zukommen können.

Spätestens hier wird ersichtlich, dass es der Übung bedarf, um zu solch einer Einstellung zu kommen. Aus den vielen kleinen Schritten erwachsen die Geduld, die Ausdauer und weitere Tugenden, die durch das stete Üben mit der Zeit von innen her gelebt werden, die also nicht durch bloße moralische Forderungen von außen her aufgesetzt sind.

An anderer Stelle wurden diese Tugenden bereits erwähnt.

2. Stille üben

Nun ist zu klären, wie dieses Üben geschehen kann. In unserem Leitgedanken – lasst uns das Leben wieder leise lernen – wird das Üben durch das Wort „lernen" zum Ausdruck gebracht. Es ist sogar hinzugefügt, wie dieses Lernen geschehen soll, nämlich „leise". Damit ist wiederum die Stille angedeutet, die nicht nur das zentrale Merkmal dieser Art des Lernens ist – und damit selber Weg ist –, sondern die ihrerseits der Übung bedarf und somit auch Ziel ist. Denn in Stille üben können von vornherein nur wenige. Wie soll beispielsweise das Leben wieder leise gelernt werden, wenn die dramatischen Ereignisse, die mit einer tiefen Not zumeist einhergehen, sich immer wieder ins Gemüt schleichen und die Sinne besetzen und großen inneren Aufruhr verursachen? So sehr, dass der Übende weder ruhig bleiben noch die Ruhe aushalten kann? Wie soll überhaupt Stille möglich sein in unserer lärmigen Zeit? Oder wenn der Übende von seiner persönlichen Mentalität her dazu neigt, ein „nervöser Typ" zu sein?

Es wird offenkundig, dieses Zur-Ruhe-Kommen und die Stille selbst bedürfen der Übung.

Unser Leitwort deutet an, wie solches Üben erfolgen kann. Die Eingangsworte „Lasst uns" besagen: Wer sein Leben wiederfinden will, muss Bisheriges loslassen, muss gewissermaßen sich selber lassen oder zumindest sein altes Ich. Erst im Loslassen entsteht Gelassenheit, Gelöstsein als eine Vorstufe des Erlöstseins. Dazu aber braucht es „uns", braucht es andere. Wer nur für sich sein und ganz allein in der stillen Kammer seiner Seele üben will, vielleicht weil er von Gott und der Welt verständlicherweise genug hat, der wird mit seinen Bemühungen nicht weit kommen. Es braucht das „Uns", das Wir, den

Begleiter, um weiterzukommen. Es braucht dazu – um im Bild des Weges zu bleiben, das ich durch das ganze Buch hindurch verwende – einen oder mehrere Weggefährten.

Hier ließe sich einwenden, dass es ja auch Einsiedler gibt, die gut auf ihrem Weg sind. Gewiss, doch auch diese Menschen haben in der Regel zuvor eine Gemeinschaftsschule besucht und absolviert.

Die Gefährten können ihrerseits von einer Not Betroffene sein. Ungleich hilfreicher wäre aber ein Gefährte, der hinsichtlich der Übungsschritte einen Vorsprung hat; einen oder eine also, die diese Schritte bereits selber gegangen ist und kennt. Jemand, der etwas ganz anderes einbringen kann als etwa das Sammelsurium ebenso gut gemeinter wie untauglicher Ratschläge aus den Medien oder dem Bekanntenkreis.

„Leise lernen" weist darauf hin, dass ein solcher Weggefährte eine Art Lehrer sein sollte, einer, der die besondere „Unterrichtsform" des Leise-Lernens beherrscht. Dieser Lehrer müsste auch in der Lage sein, den individuellen Leidensweg seiner Schüler/innen zu verstehen. Er sollte anerkennen, dass die diesbezügliche Wahrnehmung und Erfahrung des Schülers eine andere sein kann als seine eigene. Ein geistlicher Begleiter ist hier gefragt, ein spiritueller Freund, einer, der auf seinem eigenen wie auch immer verlaufenen Lebensweg bei sich selbst angekommen ist. So wie er oder sie eine Gemeinschaft von Übenden begleiten kann, so sollte diese Lehrkraft ihrerseits in einer konkreten Schule etwa aus dem Bereich des Buddhismus oder auch des Christentums angesiedelt sein.

Dies bedeutet: Eine Lehrkraft der Stille bietet diesbezüglich nicht nur ihr eigenes Können an, sondern auch einen spirituellen Ort. Der Form nach ist dieser Ort ein Übungsraum, ein Meditationszentrum oder auch ein Kloster. Inhaltlich handelt es sich dabei um einen Ort, an dem Stille geübt, gelehrt und gelebt wird.

So wertvoll die Stille bereits an und für sich ist, sie bedarf der Hinführung und Schulung. Dies gilt gerade für stressige Zeiten, in denen sie den Menschen leicht abhanden kommt. Sie bedarf der Schulung, wo sie als wegweisend für das Glücken des eigenen Lebens erkannt wird. Sie bedarf der weiteren Kultivierung, um das Gelingen des persönlichen Daseins immer weiter zu vollenden.

Ein Lehrer, der seine Schüler in diesem Sinn in der Stille unterweist, indem er sie mit ihnen teilt und übt, wird sich dabei nicht an vorgefertigte starre Lehrpläne halten. Vielmehr wird er sich am je aktuellen Können seiner Schüler/innen orientieren. Im Erfassen von deren Entwicklungsstand und insbesondere im Aufspüren noch vorhandener Defizite besteht eine seiner diesbezüglichen Aufgaben.

Aus all dem mag entstehen, was sich im Kontrast zur bloß vorhandenen Stille als „qualifizierte Stille" umschreiben lässt.

Der Ausdruck wurde im Lassalle-Haus, einer Bildungseinrichtung der Schweizer Jesuiten in Bad Schönbrunn, geprägt. Diese Einrichtung, die von Zen-Sesshins über christliche Exerzitien bis hin zu einer eigenen Kontemplationsschule (via integralis) eine Fülle spiritueller Angebote macht und dabei den Dialog der Kulturen sowie die soziale Verantwortung fördert, ist im Lauf der vergangenen Jahre für viele Menschen zu einem Ort der Stille geworden. Christian Rutishauser aus dem Leitungsteam des Hauses führt näherhin aus (in: Schönbrunner Informationen Nr. 32/2008), was man dort unter qualifizierter Stille versteht:

„In einer qualifizierten Stille zerfallen phantastische Gedankengebäude, wird der Widerstand der Umstände gebrochen, heilen Wunden, die das Leben geschlagen hat, kann sich der Mensch mit anderen versöhnen und zur Erkenntnis seiner selbst und der Welt gelangen. Qualifiziert bedeutet hier die bewusste Ausrichtung auf das Wahre, Gute und Schöne, wie es sich dem Menschen in der Vielfalt von Geschichte, Kulturen und Religionen zeigt. Es bedeutet aber auch ein gemeinsames Hören, das durch geistliche Begleitung ermöglicht wird. Eine qualifizierte Stille fördert schließlich den klaren Blick und das offene Ohr, es reinigt die Sinne, entfaltet die Intuition und schärft den Geist."

Diese Erläuterung der qualifizierten Stille klingt anspruchsvoll. Sie ähnelt förmlich einem Lobpreis – und enthält dennoch nur einen Bruchteil der Fülle an Möglichkeiten, die die Stille bereithält, sofern sie qualifiziert geübt wird.

Wenn du große Worte hörst, wenn allgemein irgendetwas Großes unvermittelt geschieht, ein unversehens eintretendes Ereignis oder eine intensive Begegnung, dann setz' dich erst einmal ruhig hin, atme tief durch – vielleicht noch einmal – und betrachte dann das soeben Geschehene. Betrachte es als Ganzes und in den einzelnen Details, schau es mit deinem inneren Auge an, aber lass dich nicht davon vereinnahmen und in Bann ziehen. Lass es auf dich wirken, aber schau dabei genau hin: Was wurde dir mitgeteilt? Was ist es, das dich da besonders anspricht und etwas in deinem Inneren zum Schweigen bringt?

Wenn dich dabei Wellen des Wohlbefindens oder auch der Abwehr überkommen, geh' mit deinem Geist durch diese Wellen hindurch; durchquere sie wie auf einem Surfbrett.

Gedanken schießen dir durch den Kopf. Ablenkungen machen sich breit. Halte am Gegenstand deiner Betrachtung fest – ohne Worte, ohne Urteil. Verweile.

Dann löse diese Übung mit einigen langen Atemzügen auf.
Entlasse mit jedem Ausatmen aus deinem Geist, was dieser
soeben betrachtet hat. Verabschiede dich davon.
Wenn du magst, kannst du nun deine Wahrnehmungen in
Worte fassen und aufschreiben.

Meine eigene Erfahrung mit der qualifizierten Stille lautet: Ja, sie eröffnet tatsächlich eine Fülle von Möglichkeiten, Geschehenes im eigenen Leben zu heilen und das Dasein auf eine neue Grundlage zu stellen, auf einen Grund, der trägt. Von großer Bedeutung dabei ist, welchem Lehrer und welchem Ort man sich anvertraut. Auch ein guter Lehrer ist nicht von vornherein für einen Schüler in dessen je eigener Befindlichkeit geeignet. Auf jeden Fall aber wird er ihm nichts von dem abnehmen, woran dieser selber zu arbeiten hat. Er begleitet ihn und macht ihn auf weiterführende Aspekte aufmerksam – manchmal in einer Weise, die weh tut. Niemals wird er ihn schieben, ziehen oder tragen auf diesem Weg. Er muss ihn selber gehen.

Nun ist allerdings auch festzuhalten: Qualifizierte Stille ist keine Psychotherapie und kann diese auch nicht ersetzen. Nicht wenige Meditationszentren setzen sogar eine gewisse psychische Stabilität für die Teilnahme an ihren Angeboten voraus. Qualifizierte Stille zielt auf die Grundstimmung und darüber hinaus auf die Grundeinstellung des Menschen. Seelische Verletzungen werden nicht direkt bearbeitet. Wenn sich eine solche Beschädigung dennoch beheben lässt, dann geschieht dies wie nebenbei, im Gefolge der neu gewonnenen Grundeinstellung. Damit mag diese Versehrung vielleicht umso gründlicher behoben sein. Bis einem Übenden aber die neue Grundeinstellung aufgeht und diese sich verfestigt und in der Lebenspraxis manifestiert, vergeht allerdings in der Regel sehr viel Zeit. Mit dem Besuch von ein oder zwei Veranstaltungen ist noch nichts geschehen, ist lediglich ein Anfang gesetzt. Eine Therapie hingegen wird hinsichtlich der Verletzung gezielter und zügiger vorgehen.

Qualifizierte Stille dauert. Nach schnellen Durchbrüchen ergibt sich oft eine längere Zeit der Stagnation in der Weiterentwicklung. Und die Umsetzung in eine ethisch einwandfreie Praxis ist selbst bei erleuchteten Zen-Lehrern beileibe nicht immer der Fall.

Ja, die Übung der Stille dauert – ein Leben lang.

3. Merkmale gut geübter Stille

Was hat es mit der Kultivierung der Stille auf sich? Im Folgenden will ich versuchen, einige Merkmale dazu herauszufinden. Eine Auflistung der Bedeutung nach verfolge ich dabei nicht, da sich der Stellenwert der einzelnen Aspekte, die ein Übender in und mit der qualifizierten Stille verbringt, immer wieder je nach Situation verändert.

Dies gilt augenscheinlich schon für ein erstes Merkmal, das bereits genannt wurde, nämlich dem Vorhandensein eines Lehrers der Stille. In den Anfangsjahren wird der Übende seinem Lehrer viele Fragen stellen. Er möchte sich ja mit den Übungen und deren Hintergrund, der dahinter stehenden Lehre, erst vertraut machen. Mit dem Hineinwachsen in die Stille erübrigen sich etliche Fragen, sie werden weniger. Dies wiederum verändert die Beziehung zur Lehrkraft.

Diese Beziehung ist in besonderer Weise ein Vertrauensverhältnis. Wenn es zum Potenzial der qualifizierten Stille gehört, einen Menschen aus seinem mehr oder weniger gelungenen, vielleicht auch missglückten bisherigen Dasein heraus eine neue Grundeinstellung zu eröffnen, so bedeutet dies für den Lehrer der Stille, eine besondere Verantwortung zu übernehmen. Wenn ein Schüler seinem Lehrer von Anfang an vertrauen soll, muss er daher unbedingt bei der Auswahl eines Lehrers auf dessen Seriosität und Kompetenz achten. Eine Lehrkraft vom ersten Eindruck her sympathisch zu finden, anzunehmen, dass man vom Gefühl her gut mit ihm weiterkommen wird – solche Kriterien allein reichen für die Wahl eines Lehrers nicht aus.

Im Christentum ist die Tradition eines spirituellen Lehrers, wie sie von Jesus selbst oder auch noch in der keltischen Kultur gepflegt wurde, weitgehend verloren gegangen. Der geistliche Begleiter war dem religiös Suchenden eine wertvolle Stütze, dem man auch seine Alltagssorgen und seine innersten Nöte und auch Schwächen anvertrauen konnte. So dürfte es heutzutage im christlichen Milieu schwierig sein, einen solchen fähigen Begleiter zu finden – unmöglich ist es dennoch nicht. Zudem schadet es nicht, wenn der Suchende einiges an Mühe hierfür aufwendet.

Die buddhistisch geprägte Lehrer-Schüler-Beziehung habe ich in einem früheren Buch (Lang 2008, S. 161-168) bereits dargelegt.

Ein zweites Merkmal der qualifizierten Stille besteht darin, dass sie in klar umrissenen Formen geübt wird. Die klassische Form schlechthin ist die Meditation (Lang 2008, S. 184-188). Sie ist der Königsweg der Stille. Die großen Religionen haben in ihrer Geschichte eine Vielzahl verschiedenster Meditationsformen entwickelt, vom Schweigen christlicher Wüstenväter über die untereinander sehr verschiedenen Praktiken der Zen-Mönche und die Kontemplation mittelalterlicher Mystiker bis hin zur schier überbordenden Praxisvielfalt im tibetischen Buddhismus. Die Bandbreite reicht von der Zen-Praxis des bloßen Nur-da-Sitzens (Shikantaza) ohne alle Hilfsmittel, der vermutlich schwersten aller Meditationsformen, bis hin zu höchst komplex ausgearbeiteten Übungsprogrammen in Tibet. Mystiker erfahren aus der Stille heraus eine „Öffnung des Himmels", eine Himmelsschau. Wie in den buddhistischen Klöstern haben auch die christlichen Mönchs- und Nonnengemeinschaften eigene Kontemplationsformen entwickelt. Der Lehrer, dem sich der Übende anvertraut, wird seinen diesbezüglichen Hintergrund in die Begleitung seines Schülers einbringen. Er wird das darin vorhandene Gut immer genau dort einsetzen, wo es der Übende von seinem aktuellen spirituellen Vermögen her so verstehen und aufnehmen kann, dass es ihn weiterbringt.

Ein drittes Merkmal der qualifizierten Stille ist der spezifische Umgang mit der Zeit, der sich aus der steten Übung heraus ergibt. Mit den Jahren des geführten Verweilens im Schweigen wird sich eine eigene Formgebung des Alltags herausbilden. Die Tage und sogar auch die Nächte erfahren zunehmend eine Struktur. Daraus ergibt sich für den Übenden ein individueller Rhythmus im Umgang mit der Zeit. Die wohltemperierte Abfolge aus Aktion und Kontemplation lässt selbstverständlich im Bedarfsfall auch Abweichungen zu. Diese können erheblich sein, ohne dass der Übende aus seinem Grundrhythmus herausfällt.

Auch seelische Belastungen lassen sich nun mit diesem Rhythmus auffangen und abfedern.

In der auf diese Weise gelebten Zeit stellt sich die Wahrnehmung ein, im persönlichen Alltag mit dessen Abläufen jeweils das genau Richtige zu tun, so dass keine Zeit vergeudet wird. Sogar die Hausarbeit findet hier ihren Platz, ist in das insgesamt kontemplative Leben des Übenden eingefügt und solchem Dasein zugeordnet.

In vielen Meditationszentren wird den Teilnehmern etwa eine Stunde täglich an Mitarbeit im Haus abverlangt. Sie fegen die Eingangshalle, betätigen sich in Küche und Garten oder reinigen die Toiletten. In tiefem Schweigen und ohne Hast verrichten sie ihre Arbeit. Doch wenn eine solche Arbeitsstunde zu Hause ansteht, macht sich gerne ein Überdruss breit, besonders bei ungeliebten Tätigkeiten. Oft genügt dann schon ein fröhlich hervorgestoßenes „Samu!", das japanische Wort für diese Tätigkeit, um den Überdruss aufzulösen. Mit diesem Ausruf setzt der Übende seine vorhandene Energie frei und bringt zugleich sein Tun mit der Meditation in Verbindung, so dass der Gesamtzusammenhang wieder hergestellt ist.

Insbesondere ist die Hausarbeit eine Einübung in die Geduld und die Ausdauer.

Die Strukturierung des Alltags bringt es mit sich, dass einigermaßen feste Essens-, Arbeits-, Meditations- und Schlafenszeiten definiert und eingehalten werden. Auch künstlerische und sportliche Aktivitäten haben darin ihren Platz. In der Regel stehen diese Zeiten im Einklang mit der Natur, zumindest mit dem Biorhythmus des Übenden. Zunehmend wächst in der Gestaltung des Alltags das Bedürfnis, der Stille immer mehr Raum zu geben.

Eine Besonderheit im Leben mit der qualifizierten Stille und aus ihr heraus besteht in der Erfahrung, dass die Zeit während der Meditation selbst aufgehoben scheint. Sie wird nicht mehr wahrgenommen, sie kann also auch nicht mehr lasten, zu kurz oder zu lang sein etc. Der Übende befindet sich dann gewissermaßen in einem zeitlosen Zustand. Damit bekommt er einen Vorgeschmack auf eine Seinsweise, in der Relativierungen verschwunden, irdische Endlichkeiten aufgehoben sind. Im

Buddhismus wird dieses Dasein daher als absolute Wirklichkeit bezeichnet. Aber auch in den christlichen Vorstellungen vom himmlischen Reich Gottes ist die Zeit aufgehoben.

Abgehoben ist der Übende mit dieser Erfahrung jedoch nicht. Er lebt ja weiterhin im Hier und Jetzt, mit allen Anforderungen, die das irdische Dasein mit sich bringt. Darin hat er sich zu bewähren. Er wird dabei jedoch die Erfahrung der qualifizierten Stille zunächst in seinen Alltag mit hineinnehmen und sodann immer mehr eine innere Sichtweise entwickeln, mit der er das Irdische betrachtet und bewertet. Dabei können sich, etwa in der Einstellung zu gesellschaftlich oder medial propagierten Werten, Umverteilungen ergeben. Waren etwa Wohlstand, Geltung oder sexuelle Genüsse bislang hochgehandelte Werte und Antriebe des Handelns, weil Glück ohne sie nicht vorstellbar war, so relativiert sich deren Bedeutung nun mitunter drastisch.

Der qualifiziert übende Mensch findet so in der Ausübung der qualifizierten Stille nicht nur innerlich, sondern auch in seinem Tun zu einem wahrhaft neuen Leben.

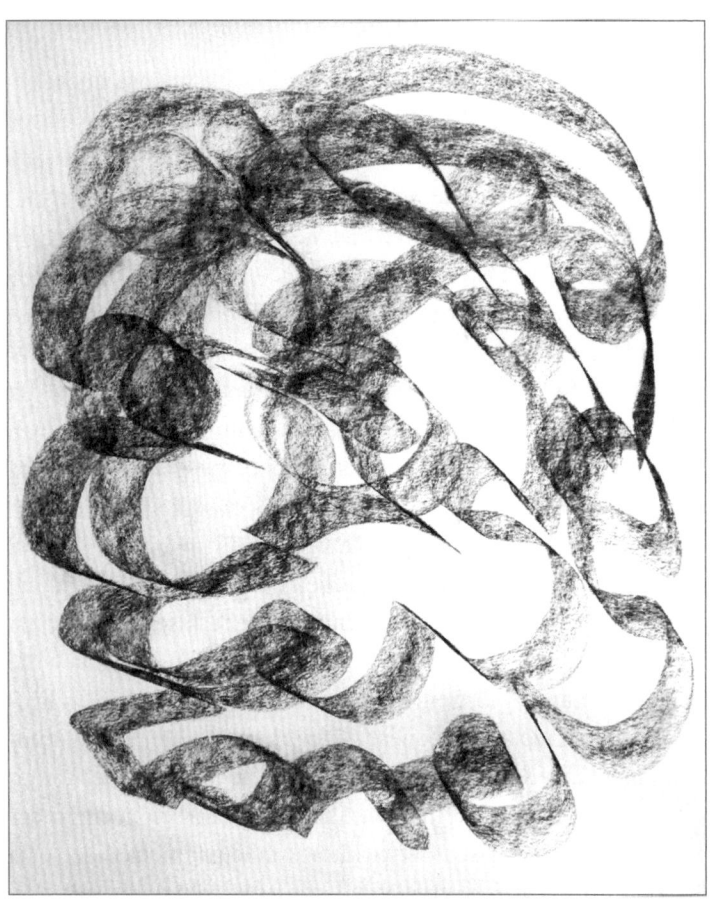

Die Stille im Licht der Kulturen

Das bisher Gesagte dürfte verdeutlicht haben, warum die spirituellen Lehrer – die großen und die kleinen, die berühmten und die verborgen wirkenden – so viel Wert auf die Stille und deren Übung legen: weil sie es ist, die dem Menschen nicht nur einen echten Ausweg aus seiner Not bieten, sondern auch eine andere Wirklichkeit erschließen kann. Aus der allmählichen Durchdringung dieser als absolut oder göttlich bezeichneten Wirklichkeit ergibt sich eine neue Sichtweise und Bewältigung des irdischen Daseins. Es ist Liebe und nur noch Liebe, die die Bewältigung leitet. Aus dieser Liebe heraus ergeben sich mit Hilfe der Vernunft die hierfür erforderlichen ethischen Prinzipien.

Der enge Zusammenhang zwischen der auf Wahrheitsfindung hin geübten Stille und der Konsequenz einer ethisch-praktischen Lebensführung widerspricht einem alten Vorwurf, wonach die Stillen im Lande weltfremd und lebensuntauglich seien. In Einzelfällen, bei nicht konsequent genug durchdachter Lebensführung, mag dies so erscheinen. Wer aber die Stille immer weiter übt und so zur Einsicht in die umfassend Wahrheit gelangt, der kann ab einem gewissen Entwicklungsstand gar nicht anders, als sich der irdischen Welt erneut und immer wieder und sogar stärker denn je zuzuwenden und gemäß den persönlichen Fähigkeiten und Neigungen an der Linderung ihrer Nöte mitzuarbeiten.

Die spirituellen Lehrer stehen ihrerseits ebenfalls nicht für sich alleine, auch wenn sie sich manchmal so geben. In der Regel sind sie ja nicht nur von Schülern umgeben und damit mit all den Problemen konfrontiert, die diese mitbringen; sie sind überdies auch selbst eingebunden in einen religiös-kulturellen Hintergrund und entsprechend sozialisiert. Sie bedienen sich der Sprechweise und der Denkmuster ihrer Kultur. Dabei können sie die übernommene Kultur und Sprache auch sprengen, wenn es ihnen der absoluten Wirklichkeit gegenüber angemessener erscheint. Dies bringt sie nicht selten in Konflikte mit ihrer religiösen Institution, die darauf mit Abstoßungstendenzen reagiert. Aber selbst wenn sich die Wege von Lehrkraft und Institution trennen, so bleibt dennoch ein Verhältnis zwischen den beiden bestehen. Immer wieder kommt es sogar vor, dass der Weg, den ein Lehrer aus seinen Erkenntnissen heraus gehen muss, nach einiger Zeit von der Institution aufgegriffen und verinnerlicht wird.

Im *christlichen Kulturkreis* ist Jesus von Nazareth hierfür selbst das markanteste Beispiel.

In seiner Nachfolge steht Meister Eckehart (um 1260-1327). Zu seinen Lebzeiten und unmittelbar danach wurden einige seiner Gedanken als häretisch verworfen. Ein gegen ihn angestrengter Prozess in Avignon kam nur deshalb nicht zustande, weil er auf dem Weg dorthin verstarb. Doch heute lassen sich viele Christen von ihm inspirieren. Und die vatikanischen Behörden sagen, eine Rehabilitation Eckeharts sei nicht erforderlich, da es ja nie eine Verurteilung gegeben habe.

Im *buddhistischen Kulturkreis* war es beispielsweise Hui-Neng (638-713), der sechste Patriarch des Zen-Buddhismus in China, der jahrelang vor seinen Mönchskollegen fliehen musste, da seine Ansichten den von Indien her geprägten traditionellen Buddhismus sprengten und nicht zuletzt auch, weil andere Mönche an die Macht wollten. In dieser Auseinandersetzung gelang es Hui-Neng jedoch, seine Gegner inhaltlich zu überzeugen. Seine abweichlerischen und verworfenen Ansichten setzten sich so sehr durch, dass er heute als eigentlicher Begründer des Zen-Buddhismus in China gilt.

Es zeigt sich immer wieder, dass große spirituelle Lehrer in der Lage sind, ihren Kulturkreis geistig neu zu beleben und auszurichten, auch wenn sie zunächst in einen scharfen Gegensatz zu ihm geraten. In gewisser Weise leben die großen Religionen von ihren Abtrünnigen. Sie danken es diesen jedoch eher selten und zumeist posthum.

Der Einfluss der spirituellen Lehrer auf ihre Kultur geht aber nur sehr selten so weit, dass ihre Lehren zum Allgemeingut in ihrer Institution erhoben werden. Dies ist auch gar nicht nötig, da es viele Zugänge zur absoluten Wirklichkeit gibt. Auch die von innen her gelebte Praxis traditioneller Konventionen kann zu Gott führen. Der Beitrag der Lehrer ist weder allein richtig noch allein seligmachend.

Das aufgezeigte Verhältnis zwischen den religiös geprägten Kulturen und ihren spirituellen Lehrern lässt sich am Beispiel der Stille anschaulich verdeutlichen. Vor allem aber können damit die bereits aufgezeigten Aspekte der Stille weiter entfaltet und vertieft werden.

Dies ist jedoch nur an ausgewählten Beispielen darstellbar. Eine umfassende „Geschichte der Stille" in den Kulturen der Menschheit steht bislang aus und ist wohl auch nicht erstellbar.

Die Erzählung der alten Eskimofrau, die dieses Buch eröffnet hat, ist ein Hinweis darauf, dass die Stille wohl in allen Kulturen der Menschheit eine Rolle spielt. Allerdings, im *Islam* finden sich diesbezügliche Hinweise eher selten. Umso mehr verdient Beachtung, wenn etwa ein in Deutschland lebender Muslim sagt:

„Wenn Du vor der Kaaba stehst und betest und die sieben Umschreitungen machst, sind das die intensivsten Gefühle überhaupt. Mit Worten schwer zu beschreiben. Man weiß nicht, ob man schwebt oder auf der Erde steht. Man hat eine absolute Ruhe. Man denkt, dass es keinen Herzschlag gibt. Es ist absolute Liebe und Empfindung der unendlichen Kraft und Leichtigkeit des Körpers." (In: Publik Forum 13/2010, S. 29).

Die in Indien ansässige *Hindu-Religion* zeigt sich dem interessierten Betrachter in einer vielgestaltigen Fülle an Farben und Formen. Ehrwürdige Männer mit langen weißen Bärten und heilige Kühe prägen ihr Erscheinungsbild. Das Kastenwesen lässt sie als unvereinbar mit den heute entwickelten Rechten und der Würde des Menschen erscheinen. Die Vielfalt der Götter und die Überfülle an Bräuchen und Ritualen weisen aber auf eine intensive religiöse Praxis hin.

Für die Stille scheint es in dieser Religion wenig Raum zu geben. Doch diese Annahme geht gänzlich fehl. Denn mit der weit entfalteten und hochkomplexen Yoga-Kultur wurde geradezu ein System zum Erlangen von Stille geschaffen, das sich bis heute fortentwickelt.

Yoga – das Wort meint: Hingabe, harte Arbeit – soll die Bewegungen des Bewusstseins zur Ruhe bringen. Stille soll dabei durch Bewegung erreicht werden. Das erscheint paradox. Es geschieht jedoch, indem der Yogi – der Übende – die Bewegungen seines ganzen Körpers, seines Atems und seines Geistes mittels bestimmter Praktiken auf Stille hin ordnet und ausrichtet. Auch die Ruhephase nach jeder Übung, das „Nachspüren" verfolgt diesen Zweck. Die Übungen bestehen nicht in erster Linie, wie man von spektakulären Fernsehbildern her meinen möchte, in akrobatisch anmutenden Verrenkungen des Körpers. Sie sollen in innerer Leichtigkeit geschehen und auch dem Wohlbefinden und der Gesundheit nützen; sie sollen dem jeweiligen Vermögen des Yogi angemessen sein. Körper und Geist werden mit Hilfe der Übungen vereint und so in reiner Gegenwärtigkeit erlebt. Der Geist wird zu reiner Wahrnehmung – nicht nur der Wirklichkeit der Dinge, sondern auch des Göttlichen – befähigt. Ohnehin ist der Yogi in seinem Tun von der Hingabe an Gott geleitet. Dies bringt er neben den Übungen auch mit seinen Studien zum Ausdruck.

Nur eine von zahllosen Übungen des Yoga möge andeuten, was mit diesen knappen Hinweisen gemeint ist. Um tiefere Einsichten zu erlangen, muss dieser Übungsweg selbst und unter seriöser Führung beschritten werden.

Stell dich aufrecht hin. Die Füße sollen eher nahe beieinander stehen. Die Arme hängen seitlich locker herab. Die Augen sind geöffnet.

Über die Fußsohlen nimmst du nun Fühlung mit dem Boden auf. Von dort gehst du von unten her deinen ganzen Körper durch, indem du jeden Teil davon mit deinem inneren Auge betrachtest. Nimm dir dafür Zeit, gehe ruhig ins Detail; nimm also nicht etwa nur die Füße wahr, sondern auch die Zehen, die Fersen, die Fußknöchel…

Wenn du deinen ganzen Körper bis hinauf zu Kopf und Haaren durchgegangen bist, dürfte er dir sehr gegenwärtig sein.

Aus dieser Präsenz heraus hebst du nun mit dem nächsten Einatmen deine Arme ausgestreckt, langsam und ruhig bis etwa auf Schulterhöhe, verweilst ein wenig und senkst sie dann mit dem Ausatmen ebenso ruhig wieder ab. Diesen Vorgang wiederholst du einige Male – so lange, bis du gut in diese Bewegung hineingekommen bist.

Vor der nächsten Übungsfolge gönnst du dir einige Momente des Innehaltens.

Nimm dann die Übung wieder auf. Führe aber nun deine Arme mit einem langen Atemzug bis ganz nach oben. Besonders wichtig ist dabei, dass dein Blick zusammen mit den Armen hinaufgeht – und dann auch dem Absenken der Arme folgt. Jeweils oben oder unten angelangt, hältst du wieder kurz inne. Wiederhole auch diese Bewegung mehrmals in stetem, ruhigem Fluss. Wenn es dir zwischendurch mal zu viel wird, bleibe einfach für einen Atemzug ohne weitere Bewegung stehen.

Sodann, nach weiterem Innehalten, kannst du die Abfolge dieser Bewegung noch erweitern. Dies geschieht, indem du nun die Arme nach vorne hebst und über die Schultern hinaus bis in die Höhe hinauf, begleitet vom Blick, in einem langen Atemzug. Nach kurzem Innehalten führst du dann mit dem Ausatmen deine Arme herab und beugst den Oberkörper dazu, bis die Hände den Boden berühren. Erst dann solltest du ganz ausgeatmet haben.

Führe auch diese Übung einige Male durch, mindestens aber viermal.

Alsdann folgt die Ruhephase. Spüre dem Geschehenen nach, nimm deine aktuelle Befindlichkeit und Aufmerksamkeit wahr. Atme dabei in der gewonnenen Tiefe weiter.

Du kannst diese Übung beenden, etwa, indem du dich mit gefalteten Händen vor Gott verneigst.

Eine nahezu gänzliche Abwesenheit von Ruhe – nicht aber von Stille – lässt sich im **Taoismus** ausmachen, da sich dieser Denkweise zufolge alles im Universum in ständiger Bewegung befindet. Der immerwährende Bewegungswandel verläuft demnach in Zyklen, deren Verlauf durch polare Urkräfte Grenzen gesetzt werden, um ein Zuviel oder ein Zuwenig der Bewegungs-Elemente zu verhindern und stattdessen vielmehr einen Ausgleich herbeizuführen. Einem Zuviel an Verstand lässt sich beispielsweise begegnen, indem man die Seele leer werden lässt. Verstand und Seele sind nicht dazu da, um sie gegeneinander auszuspielen. Dies würde sich auf das Ganze etwa eines Menschen oder einer Gruppe, einer Gesellschaft kontraproduktiv und sogar zerstörerisch auswirken. Sie sind vielmehr dazu da, einander mit ihren Qualitäten zu durchdringen – am besten spielerisch – zum gedeihlichen Fortschritt des Ganzen.

Die beiden Urkräfte werden mit den Sammelbegriffen Yin und Yang umschrieben, und hier taucht das Phänomen der Stille auf. Sie wird als Himmelsgabe dem großen Yin zugeordnet. Laotse, der große Initiator des Taoismus, sagt hierzu; „Die größte Offenbarung ist die Stille. Lauterkeit und Stille – das ist die Offenbarung der Welt." Sie lässt sich nach dieser Auffassung mit einer dunklen und kühlen Kammer vergleichen, die ein erschöpfter Mensch in der Hitze des Sommers gern aufsucht.

Im 16. Vers des Tao-Te-Ching heißt es hierzu:

Erreiche die äußerste Passivität,
halte fest an der Grundlage der Ruhe.
Die zehntausend Dinge nehmen Gestalt an
und steigen zur Tätigkeit auf, ich aber sehe zu,
wie sie zur Ruhe zurückkehren.
Wie Pflanzen, die üppig sprießen, aber zur Wurzel,
zur Erde zurückkehren, der sie entsprossen sind.
Zur Wurzel zurückkehren ist Stille.
Es heißt zum eigenen Schicksal zurückkehren.
Zum eigenen Schicksal zurückkehren heißt,
das ewige Gesetz finden.
Das ewige Gesetz erkennen ist Erleuchtung.

Sehr viel umfangreicher ist die Quellenlage zu Ruhe und Stille im antiken Griechenland, im Christentum und im Buddhismus – jenen Kulturen, die ich nun in ihren Bezügen zur Stille näher beleuchten will. Eine Bewertung der Qualität ihrer Aussagen im Vergleich zu den eben erwähnten Kulturen will ich damit jedoch ausdrücklich nicht vornehmen.

Doch schon jetzt lässt sich feststellen: Zu allen Zeiten wurde in den Kulturen der Menschheit die Bedeutung der Stille für das Glücken des Daseins erkannt.

An dieser Stelle bietet es sich an, eine kleine Phantasiereise zu unternehmen. Dafür eignet sich wieder der gute Meditationssitz; noch besser wäre es, sich auf den Boden zu legen. Mach' es dir bequem, breite deine Arme aus, nimm dir ein paar kräftige und aufmerksame Atemzüge. Dein Körper, besonders der Rücken, nimmt Fühlung zum Boden auf. Entspanne dich. Atme ruhig weiter. Und nun schließe die Augen.

In deiner Phantasie beginnt die Reise in der eintretenden Dämmerung eines Abends. Über das Land unter dir fliegst du weit hinauf in Richtung Norden. Flugwind und Kälte können dir nichts anhaben; ein eigener Schutz umgibt dich.

Ganz allmählich wird es dunkler. Immer seltener tauchen unter dir Ortschaften auf, je weiter du nach Norden gleitest. Da, erste Schneefelder tauchen auf... Sie verdichten sich zu einer Landschaft aus Schnee, die in der nun eintretenden Dunkelheit zu dir heraufschimmert.

Weit voraus siehst du die Lichter eines kleinen Dorfes. Du näherst dich ohne Eile. Es wird dein Zielort sein.

Es ist Nacht geworden. In der Mitte des Dorfes steht ein größeres Gebäude. Es ist das Versammlungshaus. Auch dort ist es dunkel. Du betrittst das Haus und es schlägt dir eine große Stille entgegen. Aber das Haus ist nicht leer. Es besteht nur aus einem einzigen großen Raum. An den Wänden entlang, dicht nebeneinander, erkennst du sitzende Gestalten. Es sind die Männer des Dorfes, alte und junge, und auch ganz kleine Knäblein sind dabei.

Alle sind sie in tiefes Schweigen versunken. Ganz in sich ge-kehrt sitzen sie da. Sie scheinen auf etwas zu warten, auf etwas, das tief innen aus ihrer Seele hervorkommen will.

Irgendwo in dieser Runde erkennst du eine Lücke. Sie ist für dich bestimmt, egal, ob du Frau oder Mann, jung oder alt bist. Dieser Platz dort gehört dir und du nimmst ihn jetzt ein.

Sogleich bist du eine oder einer von ihnen geworden. Dein Körper ist noch erfüllt von der langen Reise, aber jetzt bist du da. Keine Bewegung ist mehr vonnöten. Auch die Hände liegen ruhig an ihrem Ort.

Nun kannst du in ihr Schweigen einstimmen. Still werden. Du musst nicht umherschauen, denn du kannst ohnehin nur die Umrisse der Sitzenden erkennen, da es ja dunkel ist. Indem sie dich in ihre Runde aufnehmen, geben sie dir von ihrer Energie, ohne Worte, und tragen dich mit, so dass du still sein kannst.

Du ahnst, wonach hier jeder sucht. Nein, sie suchen nicht, sie warten – warten nur darauf, dass es sich in ihnen mitteilt: ein besonderes Wort, ein Gedanke, ein Lied. Um aber dieses Besondere hervorzubringen, das wissen sie, müssen sie selber ganz still werden. Das Wort ereignet sich, wenn man selber in seinem Inneren leer geworden ist.

So sitzt du da und schweigst mit ihnen. Ist es für eine kurze oder lange Zeit, die ganze Nacht hindurch oder nur für ein paar Minuten? Es spielt keine Rolle, denn die Zeit hat sich in dieser Runde aufgelöst.

Da du dich auf den Raum, die Dunkelheit, die Anwesenden und die Stille einlässt, ist es vielleicht auch dir vergönnt, ein eigenes besonderes Wort zu entdecken... nimm es auf, lass dich ansprechen von ihm.

Ob du aber nun dein Wort gefunden hast oder nicht, die Übung lässt sich wiederholen. Für heute soll es genug sein. Die Menschen in der Runde erheben sich und gehen auseinander, ein jeder in seine Hütte. Auch du verlässt den Versammlungsraum, atmest die frische Luft von draußen ein – und findest dich an deinem Ausgangsort auf dem Boden wieder...

Vorsichtig öffnest du die Augen. Ja, alles ist noch da. Aber etwas ist hinzugekommen. Nachher kannst du versuchen, es in Worte zu fassen. Aber jetzt: Bleib noch eine Weile sitzen, ruh' dich aus...

1. Die Seelenruhe in der griechischen Antike

Der Mensch im Allgemeinen wünscht sich, dass es ihm in seinem Leben gut geht. Er möchte, dass ihm sein Dasein gelingt; dass es ihm glückt. Diese Wünsche treiben ihn an und motivieren ihn. Aus seinem Begehren heraus unternimmt er alles Mögliche und Erdenkliche, um sein Glück zu finden, in steter Hoffnung auf einen erfüllenden Zufall – und sei es per Lottoschein. Da er schnell begreift, dass sich das Glück nicht immer zügig einstellt und nicht unbedingt von Dauer ist und „wahres Glück" vielleicht gar nicht existiert, setzt er heutzutage nicht selten auf den Rausch oder den „Kick", der den Vorgang abkürzen und seinen ansonsten eher banalen Alltag durchbrechen soll.

Glück ersehnen, Glück haben, Glück finden und genießen – diese grundlegenden Bestrebungen bilden auch den Ausgangspunkt griechischen Philosophierens in der Antike. Jedoch, worin dieses Glück näherhin besteht, darüber gehen die Vorstellungen bereits weit auseinander. Liebende, die eine Partnerschaft eingehen oder eine Familie gründen wollen, haben andere Vorstellungen von ihrem persönlichen Glück als Menschen, die eher das Gemeinwohl in den Vordergrund stellen oder den Kampf um Gerechtigkeit und sich entsprechend politisch, sozial oder ökologisch engagieren. Die Inhalte des Glücks bei leistungsorientierten Menschen im Sport oder im Beruf sind andere als bei Künstlern oder Angehörigen einer Klostergemeinschaft. Nesthocker können ihrem Zuhause und Nestflüchter eher dem Reisen Glücksmomente abgewinnen. Das Glück, gesund zu sein, steht in der Regel mehr bei alten als bei jungen Menschen im Vordergrund. Behinderte, sozial Schwache, Gefangene und Superreiche – sie alle unterscheiden sich auch in ihren Glücksphantasien voneinander. Bei Menschen, die vom Leben schwer belastet sind, ist die Vorstellung vom Glück deutlich vom Begriff der Freiheit geprägt. Totale Befreiung erhoffen sich Drogen- oder Sexkonsumenten – naja, so lange, bis sie aus der Abhängigkeit nicht mehr herausfinden, in die sie dadurch geraten sind.

Eine extrem bizarre Vorstellung von Glück findet sich bei islamistischen Fundamentalisten, die sich von einem terroristischen Selbstmordkommando einen direkten Zugang zum Himmel als Lohn erwarten.

Es ist also festzustellen: „Das" Glück gibt es ebenso wenig wie „den" Sinn des Lebens. Wer allerdings einen Glücksweg einmal eingeschlagen hat, lässt sich nur schwer davon abbringen, auch wenn sich dieser Weg zunehmend als Irrtum erweist.

Die Glücksvorstellungen griechischer Denker würden hier nur einige von vielen Stimmen im großen Konzert der Meinungen bilden. Interessanter erscheint es deshalb, ihre Erwägungen zum „Wie" des Glücks zu hören. Dahinter steckt der Gedanke, dass eine gut überlegte Vorgehensweise auf der Suche nach Glück bestimmte Vorstellungen davon als unsinnig ausschließt, denen ein Mensch sonst zu seinem Nachteil erliegen würde.

Wie also kann der Mensch zu seinem Glück finden und wie kommt er zu einer qualifizierten Auffassung von Glück?

Über diese Fragen haben die alten Griechen gründlich nachgedacht. Zunächst behaupten sie – insbesondere Sokrates –, dass Glückseligkeit ein Ziel ist, das zu erreichen Menschen durchaus in der Lage sind. Glück ist möglich. Es ist keine Illusion und keine Utopie, glücklich sein zu wollen. Damit sich aber eine solche Befindlichkeit einstellt und damit sie bleibt, sind zwei Faktoren ausschlaggebend.

Um glückselig zu werden, bedarf es zum einen des Einsatzes der Vernunft. Das erscheint zunächst als nicht ganz nachvollziehbar, da das Glück allgemein eher auf der Ebene der Gefühle angesiedelt wird. Jedoch: Der Verstand – so etwa Pyrrhon von Elis (um 360-270 v.C.) – sei auf der Suche nach Glück nicht auszuklammern, sondern ausdrücklich mit einzubeziehen. Denn nur er kann unterscheiden, ob ein Glücksempfinden und dessen Auslöser wahrhaftig und echt oder nur vorgetäuscht und falsch ist. Ob beispielsweise ein blendend aussehender Mensch tatsächlich das Glück einlöst, das er zu verheißen scheint, kann der Verstand herausfinden, indem er auf den Charakter dieses Menschen schaut. Dieser sollte, wie es Sokrates ausdrückt, auf gerechtes Denken und Handeln ausgerichtet sein. Von einer Person, die Unrecht tut oder in Kauf nimmt, ist nicht unbedingt zu erwarten, dass es Glück bringt, wenn man sich auf sie einlässt – da mögen andere Vorzüge noch so ausgeprägt vorhanden sein.

Eigentliches und dauerhaftes Glück kann nicht auf bloß äußeren Werten beruhen. Geld beispielsweise verdirbt ja eher den Charakter. So warnt etwa der Stoiker Zenon (um 336-264 v.C.) davor, den auf äußere Objekte gerichteten Begierden nachzugeben und so zum Spielball von Lust und Unlust zu werden. Um wirklich glücklich zu sein, seien vielmehr die inneren Werte gefragt.

Damit sich aber diese inneren Werte erschließen, bedarf es neben der Vernunft zum anderen der Seelenruhe. Vernunft und Seelenruhe sind als die beiden Faktoren, durch die Glück zustande kommen kann. Der schon erwähnte Pyrrhon gibt letzterer sogar den Vorrang vor der Erkenntnis der Wahrheit. Denn in der Ruhe liegt die eigentliche Kraft, um Herausforderungen und Gefahren zu bestehen und eben auch glücklich zu werden.

Nur scheinbar steht Pyrrhon damit in Gegensatz zu Epikur (341-270 v.C., siehe: Lang 2009, S. 69), der die Lust zum obersten Glücksprinzip erhebt. Epikur versteht darunter jedoch gerade nicht die Lust von Schlemmern und Genießern in ihren Saufgelagen und sexuellen Abenteuern, sondern das „Freisein von körperlichem Schmerz und von Störung der Seelenruhe … eine nüchterne Verständigkeit, die sorgfältig den Gründen für Wählen und Meiden in jedem Fall nachgeht und mit allen Wahnvorstellungen bricht, die den Hauptgrund zur Störung der Seelenruhe abgeben" (in: Quekelberghe, S. 147f). Die Seelenruhe bewirkt eine andere Art von Lust, nämlich eine, die in sich ruht. Die äußeren Lüste hingegen sind, so Epikur, eher geeignet, Seelenleid statt Seelenruhe herbeizuführen.

Um aber zu unverfälschtem Seelenglück zu gelangen, rät er dazu, die Beschaffenheit von Weltall, Erde und Mensch und deren Natur genau zu untersuchen. Ebendies empfiehlt ja, nebenbei gesagt, auch der Buddhismus.

Schon hundert Jahre zuvor sieht Demokrit (460-371 v.C.) in der heiteren und gelassenen Grundgestimmtheit der Seele, in ihrer wohltemperierten Gemütsruhe, im Seelenfrieden den eigentlichen Grund für ein glückseliges Dasein des Menschen; also geradezu im Gegensatz von Kick und Rausch und Vielgeschäftigkeit. In dieser Seelenruhe hat er sogar Anteil an der „Weltseele", die mit ihrer Vernunft das ganze All durchwaltet.

Epikur, der sich als Nachfolger von Demokrit versteht, stellt nun einige Überlegungen an, wie sich die Seelenruhe finden und erhalten lässt. An erster Stelle nennt er die Freundschaft. Wer sich um andere wohlwollend bemüht und auch an sich selber Gutes geschehen lässt, ohne das eine oder andere zu übertreiben, schafft damit ein Klima innerer Zufriedenheit. In stürmischen Herausforderungen, die das Leben mit sich bringt, bietet die Freundschaft einen Halt, der trägt. Epikur sagt: „Von allem, was die Weisheit zur Glückseligkeit des ganzen Lebens in Bereitschaft hält, ist weitaus das Wichtigste der Besitz der Freundschaft" (in: Quekelberghe, S. 149).

Günstig für die Seelenruhe ist es ferner, wenn die Erfüllung der Grundbedürfnisse – Essen, Trinken und ein Dach über dem Kopf – einigermaßen gewährleistet ist. Zu wenig davon schafft Sorgen, die derart zermürben können, dass sie die Seelenruhe empfindlich stören; zu viel davon ist ebenfalls schädlich, da dies nur Abhängigkeiten schafft und den Menschen in die Gier versetzt, immer mehr haben zu wollen. Dies beraubt ihn seiner inneren Freiheit. Ohne diese Freiheit kann es keine Seelenruhe geben.

Als Drittes rät Epikur, die Seelenruhe immer wieder zu betrachten und zu überdenken. Die stille Schau lässt Zeit und Raum für weiterführende Einsichten, wie sie das oft so fordernde Getriebe des Alltags nicht hergibt.

Überhaupt sind überzogene Verpflichtungen in Familie, Wirtschaft und Politik, aus dem Dasein entstehende Ängste und Begierden und auch ein Zuviel des Denkens der Seelenruhe abträglich – ein Hinweis, der sich angesichts heutiger Bemühungen gestresster Menschen, ihr Leben zu entschleunigen, geradezu modern anhört. Natürlich wusste Epikur noch nicht, dass Stress zu einem Dauerzustand werden kann, so dass die eine oder andere Entschleunigungsmaßnahme noch gar nichts bewirkt. Vielmehr

muss die gesamte Einstellung zum Leben neu bestimmt und ausgerichtet werden, um stressfreier leben zu können.

*Die folgende Übung besteht aus drei Teilen. Sie kann in einem
Durchgang erfolgen oder in Intervallen. Ein sehr geeigneter
Ort hierfür wäre ein leicht erhöhter Uferplatz an einem stillen
See oder einem Teich am frühen Morgen. Wenn es nicht möglich ist, eine solche Stelle aufzusuchen, kann der/die Übende
wieder den guten Meditationssitz einnehmen und sich den See
in der Phantasie vorstellen.*

*Lasse dich also ruhig nieder. Versuche, an dem Ort, an dem
du dich jetzt oder in deiner Phantasie befindest, auch innerlich
anzukommen.*

*Begleitet von ruhigen Atemzügen kannst du nun vor deinem
inneren oder äußeren Auge den See in den Blick nehmen.*

Schau einfach hin, wie ruhig er daliegt... wie still er ist.

*Nimm wahr, was du siehst. Vielleicht liegt Morgendunst über
dem See. Vielleicht fliegt aus der Stille ein Vogel auf. Irgendwo
raschelt es – und all dies ist eingebettet in das Schweigen der
Wasseroberfläche, die den Himmel spiegelt.*

*Nun kannst du die Stille und den Atem mit einem Wort er-
füllen. Beim Einatmen sprichst du innerlich, also lautlos und
langsam „Seelen-" und beim Ausatmen „-ruhe". Verfahre über
etliche Atemzüge hin in dieser Weise. Mit der Zeit spürst du,
wie die Atemzüge länger werden und das Wort in dein Inneres
übergeht und mit dir eins wird und auch mit dem See, den du
fortwährend betrachtest.*

*Um aber nicht in eine wohlig- dumpfe Gefühlslage zu verfal-
len, gilt es jetzt, dein Bewusstsein zu schärfen. Dies geschieht,
indem du jede einzelne Silbe mit einem Atemzug belegst. Bei
„See-" atmest du ein, mit „-len" aus, mit „-ru" wieder ein und*

mit „-he" aus. Die einzelnen Silben werden dadurch gedehnt und obwohl bei diesem Übungsteil eine schärfere Konzentration erforderlich ist, um nicht drauszukommen, legt sich noch mehr Ruhe über dich. Betrachte dabei unverwandt weiterhin den stillen See vor dir.

Fahre darin fort, solange du möchtest. Indem du dann aufstehst und dich, vielleicht mit gefalteten Händen, vor dem geschauten See verneigst, beendest du diesen Teil der Übung.

Im Anschluss daran oder zeitversetzt beginnt der zweite Teil. Finde dich dazu wie zuvor an dem Ort und in der Zeit ein und in die Betrachtung von See oder Teich. Finde den ruhigen Atem wieder und verbinde dich innerlich mit dem See, ohne jedoch schon eins mit ihm zu werden.

Nun gehe der Frage nach: „Was ist es, das die Stille in dir stören kann?"

Versuche, für die Störungen das eine oder andere Wort zu finden – nicht mehr, nur einzelne Wörter. Lass dich von diesen Wörtern jedoch nicht vereinnahmen, sondern verbleibe in der Rolle des stummen Beobachters – so wie du auch weiterhin den See vor dir betrachtest.

Wenn wieder so ein Wort in deinem Inneren auftaucht, zum Beispiel das Wort „Sorge", so denke nur: „Aha, ja, die Sorge!" und verbleibe in der bloßen Betrachtung.

Einige dieser Worte erschließen sich nicht sogleich. Es dauert ein wenig, bis sie aus der Tiefe des Bewusstseins hervorkommen. Lass dir also Zeit bei diesem Teil der Übung. Du spürst selber, wenn es genug ist.

Wenn dies der Fall ist, richte nun dein Augenmerk wieder mehr auf den See vor dir. Nimm wahr, wie ruhig er trotz all der gefundenen Worte geblieben ist. Wie still er da liegt. Lass *sein Schweigen nun in dein Inneres kommen. Nimm es hinein in dein Gemüt.*

Wo sind die Worte geblieben? Sind sie noch da? Gut, dann lass sie stehen. Sie sind jetzt ein Teil von dir, aber der See ist es auch. Vielleicht lassen sich die Worte noch in dieser Übung in den See hinein verwandeln, wo sie dann als große oder kleine Holzstücke an der Oberfläche umhertreiben und schließlich versinken. Vielleicht musst du aber die gefundenen Worte nachher aufschreiben und mit einem Menschen, dem du vertraust, besprechen.

Am Ende dieses Übungsteils: Erhebe dich, ganz bewusst, – und verneige dich wieder vor dem See und atme alle Worte lautlos aus.

Auch der dritte Teil der Übung beginnt wie der erste. Lass diesmal aber den See vor dir so lange auf dich wirken, bis er zu einem See in deinem Inneren geworden ist.

Nun öffne dein Bewusstsein erneut für eine Frage. Sie lautet: „Was tut diesem See gut – was fördert und schützt ihn – was kann seiner Stille Bestand verleihen?"

Du musst nicht nachdenken über diese Frage. Es genügt, nur selber still zu bleiben und die Antworten aus deinem Inneren kommen zu lassen. Auch hier: Wenn wieder ein Wort auftaucht, zum Beispiel das Wort „langsam", so denke dazu nur: „Aha, ja, langsam!" und verbleibe in der bloßen Schau auf den See vor dir und in dir.

Zum Ende dieser Übung lassen sich auch diese Worte verwandeln. Wenn du willst, lege jedes einzelne Wort aus deinem Bewusstsein heraus in deine Hand, wo sie als Rosenblätter ankommen. Steh nun auf und verstreue deine Rosenblüten über den See und schau ihnen mit deinem inneren Auge zu, wie sie auf der Oberfläche treiben und dort verweilen.

Sodann verneige dich – ein letztes Mal. Und nun geh deiner Wege.

„In der Meditation zeigt sich deutlich, wie das Denken nur ganz oberflächlich auf dem Bewusstsein tanzt – wie das Kräuseln des Wassers auf einem tiefen, weiten See. Auch wenn sie noch so wichtig erscheinen, sind die Formen des Kräuselns beliebig. Immer ist es Wasser und immer See. Die Blindheit des Ichs liegt darin, dass es nicht spürt oder sieht, dass es genau wie alles andere auch aus Wasser besteht, dem Wasser des Lebens" (Mittelsten Scheid, S. 61).

Es ist eher unwahrscheinlich, dass Epikur solche Meditationen gemeint hat, als er die Notwendigkeit betonte, die Seelenruhe zu üben. Jede Zeit kennt da ihre eigenen Möglichkeiten. Aber der Gedanke des Übens ist wichtig, so sehr, dass er auch in der römischen Antike aufgegriffen wird. So führt Seneca (um 1-65) etliche Methoden auf, um Stille zu verwirklichen. Für ihn liegt in der inneren Ruhe eine Kraft der Seele, die unbesiegbar ist. Sie ist es, die für ein glückendes Leben die Grundvoraussetzung schafft. Sie ist erreichbar, indem sich der einzelne Mensch von inneren und äußeren, konkreter: von materiellen und geistigen Abhängigkeiten in zunehmender Konsequenz befreit. Einen Totalverzicht auf die Güter strebt er damit jedoch nicht an. Vielmehr plädiert er dafür, diesen gegenüber eine ganz unabhängige Haltung aufzubringen und die Bestrebungen eines „Immer-noch-mehr-haben Wollens" aufzugeben. So verstandene Freiheit bringt inneren Frieden, schafft Seelenruhe. Freundlich und gelöst treten die befriedeten Menschen in der Öffentlichkeit auf, da sie ja aller Anstrengung und aller Verbohrtheit ledig sind.

Seneca kleidet diese Einsicht in Worte, die in ihrer Art der Gedankenführung an Laotse erinnern:

Wer die Einsicht besitzt, ist auch maßvoll;
Wer maßvoll ist, ist auch gleichmütig;
Wer gleichmütig ist, lässt sich nicht aus der Ruhe bringen;
Wer sich nicht aus der Ruhe bringen lässt, ist ohne Kummer;
Wer ohne Kummer ist, ist glücklich;
Also ist der Einsichtige glücklich,
und die Einsicht reicht aus für ein glückliches Leben."

(Epistulae morales 85,2)

Allerdings sieht Seneca durchaus auch die Grenzen solcher Belehrung. Wichtiger als alle Unterweisung ist es, sich in die Seelenruhe einzuüben. Senecas Zeitgenosse Musonius nennt hierzu Übungsfelder: „das Landleben, die Mäßigkeit, die Arbeit und die Schlichtheit des Lebens" (in: Quekelberghe, S. 156).

Jedoch: Woraufhin soll eigentlich geübt werden? Was versteht Seneca unter der Seelen- oder, wie er es nennt, der Gemütsruhe?

Zunächst meint er damit ein Gemüt, das gleichbleibend zufrieden ist. Dem steht jedoch entgegen, dass wir Menschen nun einmal Mängelwesen sind. In unserer Unzulänglichkeit machen wir Fehler oder erreichen nicht, was wir wollen. Wir sind unentschlossen oder von unseren Leidenschaften und Befindlichkeiten abhängig. Das macht uns froh oder wütend oder traurig, gierig oder verzagt, ruhelos oder träge.

Wie soll unter solchen Umständen eine gleichbleibend zufriedene Seelenruhe möglich sein?

Seneca meint: „Das beste wäre, sich mit amtlichen Verpflichtungen, Staatsverwaltung und bürgerlichen Dienstleistungen zu beschäftigen" (Seneca, S. 61) – mit sozialen Aktivitäten also. Tätig sein, sich nützlich machen – aber in Einfalt; blinder Eifer schadet nur.

„Einfalt" meint näherhin die Beachtung persönlicher Stärken und Schwächen. Wer Gemütsruhe erlangen will, muss diese Eigenheiten mit einbeziehen, da er sich sonst über- oder unterfordern würde. Von da her ist zu prüfen, worauf man sich einlässt, um nicht von vornherein in eine Situation zu geraten, die einen langweilt oder der man nicht gewachsen ist. Ferner sind die Menschen, mit denen man sich umgibt, auf ihre Art der Einflussnahme hin zu prüfen. So können etwa undankbare Menschen die Gemütsruhe auf die Dauer empfindlich stören.

Es ist vor allem die Freundschaft, die die Gemütsruhe fördert. Umso mehr ist bei der Auswahl der Freunde sorgfältig darauf zu achten, dass sie so wenig wie möglich mit negativen Eigenheiten oder gar Lastern behaftet sind. Insbesondere „Mürrische, die alles bejammern" (S. 69) sollte man meiden.

In der Lebensführung ruft Seneca zur Mäßigung auf. Extreme Lebensweisen, sei es durch Armut oder durch Reichtum, schaden der Gemütsruhe. Wer aber von außen her in große Drangsal gerät, muss sich – so Seneca – damit vertraut machen, damit er sie leichter ertragen kann. Die Gewöhnung ermöglicht es, auch Vorteile in seiner Situation zu erkennen. In genauer Betrachtung der Widrigkeiten, die über jeden Menschen hereinbrechen können, hält er die Gelassenheit für den geeignetsten Seelenzustand, diesen zu begegnen. Eine solche Haltung wird möglich, wenn man sich über die Wirklichkeit der beschaffenen Welt nichts vormacht und sich ihr stellt, so wie sie nun einmal ist.

Der größte Feind der Ruhe ist der Wankelmut (S. 81). Aber auch stures Beharren schadet. Die Seele muss sich durch alles Äußere hindurch in sich selbst versenken, dorthin, wo Hass und Trauer nicht mehr sind und nicht hineinkönnen, in ihren innersten Kern. Im äußeren Bereich ist allenfalls der Humor geeignet, die Seele friedvoll zu stimmen, da er eine gewisse Distanz zu den äußeren Dingen schafft.

Schließlich weist Seneca darauf hin, dass die Gemütsruhe über einen Weg der Mitte – etwa der Mitte zwischen Anstrengung und Muße – erreichbar ist. Auf das ausgewogene Maß der Mitte zu achten verhindert, das eine oder andere zu übertreiben oder zu vernachlässigen. „Kein großes Genie war ohne eine Dosis Tollheit" (S. 88) – dieser Satz des Aristoteles könnte auch von Laotse stammen. Was aber in einer aktuellen Situation zugunsten der Gemütsruhe, der Gelassenheit der Seele, zu tun oder zu lassen sei, ergibt sich aus der Achtsamkeit: der „beständigen Aufmerksamkeit um das leicht wankende Herz" (S. 89).

Marc Aurel (121-180), der Philosoph auf dem römischen Kaiserthron, empfiehlt Selbstgenügsamkeit sowie gerechtes und gütiges Handeln zum Wohl der Allgemeinheit als der Seelenruhe förderlich. Durch tägliches stetes Üben wird die Seelenruhe zu einer Geisteshaltung. Menschenwürdiges und die Seelenruhe förderndes Leben ist unabhängig von Zwängen, Trieben und egozentrischen Wünschen, wie sie aus Neid, Hass, Machtstreben, Ruhm- und Selbstsucht entstehen (nach Quekelberghe, S. 163). Insbesondere ist es für Aurel die Vergänglichkeit des irdischen Daseins, die viele Anstrengungen, die der Mensch glaubt vollbringen zu müssen, eigentlich überflüssig macht.

Nun sind solche Hinweise für uns heutige Menschen nur bedingt brauchbar, da es beispielsweise nicht jedem möglich ist, um der Seelenruhe willen aufs Land zu ziehen. Und heutiges Arbeiten ist in der Regel schon vom Arbeitgeber her so angelegt, dass es der Seelenruhe und sogar auch dem gedeihlichen Familienleben eher schadet als gut tut. Die alten Weisen reden sich aus heutiger Sicht recht leicht mit ihrer Forderung, Begehren und Meiden gänzlich lassen. Daher können sie uns mit ihren Einsichten lediglich Denkanstöße geben. In Anbetracht moderner Verhältnisse müssen wir diese Anstöße in eine eigene und angemessene Praxis umgestalten – so, wie es mit der voranstehenden Übung versucht wurde.

Zum „Wie" des Übens findet sich jedoch bei Epiktet, einem anderen Philosophen, eine Anregung, die gewissermaßen zeitlos ist. Viele Menschen wollen sich ein Gut dadurch aneignen, dass sie überaus verbissen an die Sache herangehen. Verbissenheit im Einüben von Selenruhe läuft dieser jedoch geradewegs zuwider. Denn diese ist ja unter anderem auf Gleichmut ausgerichtet. Es empfiehlt sich also, sich an Stelle der Verbissenheit im Einüben in die Seelenruhe von vornherein in jene heitere Gelassenheit einzufinden, die ein Kennzeichen der Seelenruhe ist. Es soll ja nichts Geringeres als eine ganz neue Grundeinstellung zum eigenen Dasein und dessen vermeintlich Glück bringenden Gütern erreicht werden. Wer aber ein solches Langzeitprojekt überstürzt angeht, wird schnell scheitern und sich alsbald anderen Dingen zuwenden.

Gewiss findet sich in deiner Wohnung ein schöner Gegenstand: eine Schale, eine Vase, eine kleine Figur, ein besonderer Stein…

Nun versuche, für diesen Gegenstand einen geeigneten Platz zu finden. Vielleicht musst du an der Stelle, die du dafür vorsiehst, erst etwas wegräumen, damit du den Gegenstand dort gut sichtbar aufstellen kannst.

Wenn du ihn nun anbringst, achte darauf, dass er auch gut an diese Stelle passt und dass dort nichts von ihm ablenkt. Vielleicht musst du ihn dazu nur ein wenig umstellen, vielleicht noch etwas wegräumen oder sogar eine neue Stelle suchen. Lass dir Zeit mit diesem Vorgang.

Wenn der Gegenstand an seinem Platz angebracht ist, begib dich nun in einen möglichst großen Abstand zu ihm. Das Handy und andere Geräuschquellen sollten jetzt ausgeschaltet sein.

Bevor du ihn alsdann aus der Ferne betrachtest, schließe erst die Augen. Begleitet von ruhigen Atemzügen stellst du dir dabei vor, wie der Gegenstand jetzt da ist, an dem Platz, den du dafür hergerichtet hast.

Achte auch auf die Stille, die nun um diesen Gegenstand ist.

Vielleicht gewinnt er schon jetzt eine neue Bedeutung für dich. Aber das hat noch Zeit.

Nun öffne die Augen und gehe langsam, ganz langsam auf deinen Gegenstand zu.

Du kannst deinen Fortgang immer wieder unterbrechen, stehen bleiben, die Augen schließen... wenn du sie dann wieder öffnest und behutsam weitergehst, so ist da nichts, was dich dabei bedrängen, stören oder aus der Ruhe bringen könnte.

So nimmst du nun Verbindung mit dem Gegenstand auf und gelangst in seine Nähe. Halte nur deinen offenen und zugleich nach innen gerichteten Blick stetig und gelassen auf den Gegenstand gerichtet.

Wenn du bei ihm angekommen bist, dann schau nicht auf ihn herab oder zu ihm hinauf, sondern gehe nach Möglichkeit sogleich mit ihm auf Augenhöhe. Dann betrachte ihn.

Schau ihn nur an, ohne Worte, ohne Wertung.

Wenn du wieder einmal die Augen schließt, versuche zu hören, was er dir sagen will.

Beenden kannst du diese Übung, indem du den Gegenstand in beide Hände nimmst und bald schon seine Wärme spürst. Stelle dir dabei vor, dass der Gegenstand in dein Inneres übergeht. Über deinen Kopfscheitel fließt er in dich ein und gelangt in dein Herz.

Verweile nun noch ein wenig in tiefem Schweigen.

Wenn du dann den Gegenstand wieder auf den Platz oder an seinen ursprünglichen Ort zurückstellst, musst du dich nicht von ihm verabschieden. Denn fortan ist er in deiner Seelenlandschaft aufgestellt.

Irgendwann – nicht jetzt – wird auch die Zeit kommen, um diese Landschaft zu erforschen und das, was sich darin befindet. Verweile jetzt nicht allzu lange dort.

Wenn du aber sehr intensiv in diese Übung kommen konntest, dann setze nun einen bewusst starken Kontrast, am besten durch eine kräftige körperliche Tätigkeit, um sie zu beenden.

Die Kunst des Lernens, so wusste man es schon im alten China, besteht in der Wiederholung. So will ich nun das Gesagte zusammenfassen. Hierfür eignet sich der Rückgriff auf den griechischen Schriftsteller Plutarch (46-125). Von ihm existiert ein Traktat zur Seelenruhe, der das Wissen der griechischen und römischen Antike dazu gut wiedergibt.

Auch Plutarch sieht im allgemeinen Streben der Menschen nach Glück den Ausgangspunkt seiner Überlegungen. Übereinstimmend lehren die griechischen Philosophen: Wer glücklich leben will, bedarf dazu nicht nur eines gesunden Menschenverstandes, sondern auch der „Euthymia" – der Seelenruhe. Wer in sich ruht, ist wohlgestimmt. Glück ist dieser Auffassung nach nicht mit der Anhäufung von Gütern gegeben. Sie ist ein Zustand des Bewusstseins.

Aus der Seelenruhe heraus ergibt sich eine verständige und ethisch korrekte Lebensführung. Diese wiederum eröffnet innere Freiheit; einschränkend und verengend wäre es vielmehr, würde sich ein Mensch von Lastern und Leidenschaften abhängig machen. Da diese nur zeitweise befriedigen, müsste er sein Leben immer wieder daraufhin und auf immer mehr Lustgewinn ausrichten. Ein solches Dasein würde in einem sehr schlichten, eher animalischen Rhythmus aus Appetit und Sättigung verlaufen.

Ebenso unfrei wäre es jedoch, wenn sich ein Mensch, um ethisch korrekt zu leben, vollständig einem Gesetzeskatalog einer Kirche oder eines Staatswesens unterwerfen würde, indem er diesen über alles Andere stellt. Wahrhaftiges ethisches Verhalten kann aber nur in jener inneren Freiheit erfolgen, die sich von der Seelenruhe her natürlich einstellt. Wenn Staat und Kirchen hier eine Aufgabe haben, so bestünde sie darin, diese innere Freiheit durch geeignete Lehrer zu erwecken, nicht aber darin, sie diesen doktrinär einzubläuen.

Der einzelne Mensch kann auch selbst einiges dafür tun, um Seelenruhe zu gewinnen. Von Meditation weiß Plutarch noch nichts. Aber ganz richtig setzt er an bei der Grundeinstellung des Menschen zu den Dingen und Ereignissen des Lebens und zu sich selbst. „So wie sich der Schuh mit dem Fuß bewegt und nicht umgekehrt, so wirkt sich die Einstellung der Menschen auf ihr Leben aus" (Plutarch, S. 20). Der Arbeit an der Einstellung zum Leben kommt daher eine größere Bedeutung zu als der Gestaltung der Lebensumstände.

Gewöhnlich stören wir uns mehr an Widrigkeiten und Belastungen im Alltag, als dass wir uns seiner angenehmen Ereignisse und Gegebenheiten erfreuen. Plutarch beklagt die allgemeine Unzufriedenheit, die daraus entsteht, immer mehr haben zu wollen, anstatt mit kleinen Freuden zufrieden zu sein. Offensichtlich missachten die nach Reichtum aller Art Strebenden die einfachen Hinweise ihrer eigenen Vernunft, wonach ein Zugewinn an Geld und Macht nicht nur ein potenzielles Mehr an Genüssen, sondern vor allem auch ein Mehr an Sorgen einbringt. Würden wir unseren Verstand darin üben, die Dinge des Lebens in all ihren Zusammenhängen zu erkennen, so ließe sich die Einsicht in die Doppelbödigkeit des Reichtums leicht gewinnen und ein entsprechendes Verhalten befördern. Zufriedenheit mit dem, was an Freuden im eigenen Leben bereits vorhanden ist, lässt einerseits das Streben nach Glück nicht zur Gier verkommen. Andererseits verhindert diese Einstellung eine allzu heftige Enttäuschung bei Rückschlägen. Wer klug ist, kann stets beide Seiten dieser Medaillen sehen. Betrachten wir beispielsweise das Leben prominenter Pop- und Medienstars, so können wir diese keineswegs als glückliche Menschen bezeichnen, obwohl sie doch so sehr im Geld schwimmen, dass ihnen alle Möglichkeiten offenzustehen scheinen.

Wer sich ferner über Schwächen und Fehler anderer kränkt und erregt, zeigt damit ebenfalls eine Einstellung, die letztlich nur ihm selber schadet. „Schmähungen, zornige Schimpfreden, Verleumdungen, Böswilligkeit und Eifersucht, überhaupt feindseliges Wesen, das alles ist doch ein Fluch für diejenigen, die damit behaftet sind. Nur Unverständige lassen sich davon plagen und peinigen, zum Beispiel von Streitsucht der Nachbarn, der schlechten Laune von Freunden oder der Unredlichkeit von Beamten. Davon lässt du dich, scheint mir, ganz besonders aus dem Gleichgewicht bringen…" (Plutarch, S. 23).

Wie aber soll man seinerseits mit solchen „Giftspritzen" umgehen? Plutarch rät, ihnen gegenüber gleichbleibend freundlich zu sein. Man solle sie betrachten „wie Hunde, die bellen, weil das eben so ihre Art ist. Dann wirst du dir nicht unwillentlich allerlei Kümmernisse zuziehen und dich, kleinmütig und niedergeschlagen, wie du gerade bist, so wie Abwasser in eine Grube fließt, mit den Übeln anderer anfüllen" (ders., S. 24).

Eine andere Störung der Seelenruhe besteht darin, über seine Verhältnisse zu leben; sei es, dass die Zielvorgaben mangels entsprechender Möglichkeiten gar nicht einlösbar sind; sei es, dass vor lauter Gier nach irgendetwas die Wirklichkeiten übersehen werden, die ihrer Befriedigung im Wege stehen – etwa die Wirklichkeit, dass viele Genüsse nur einen eher kurzzeitigen Erlebniswert haben, nach dem der graue Alltag oftmals bald nur umso trüber wieder hereinbricht.

Der Seelenruhe abträglich ist ferner, in seinen Bemühungen und in Erinnerungen die Bösen zu bevorzugen und die Guten zu vernachlässigen. Gewiss, böse Erinnerungen gehen unter die Haut. Ihre Verletzungen der Seele wirken noch lange nach. Wer da sein positives Potenzial nicht aktiviert, zu dem die guten Erinnerungen gehören, kann an diesen Verletzungen so sehr leiden, dass er sich schließlich zu einem übellaunigen Menschen entwickelt und verhärtet, der nichts Gutes mehr gelten lässt.

Mit solchen Hinweisen wird Plutarch zum Vorreiter des heute so aktuellen positiven Denkens. Dabei geht es ihm aber nicht um die Unterdrückung der negativen Anteile im Dasein. Sie gehören ebenso dazu wie die positiven. Das irdische Leben kann immer nur eine Mischform aus ihnen bilden. Die Entwicklung zu einem stimmigen Ganzen ist eine Lebensaufgabe. Wer dabei seine Erwartungen eher zurücknimmt, kann sich umso mehr an dem Guten erfreuen, das ihm widerfährt. Und ebenso kann er mit Rückschlägen leichter umgehen als derjenige, der auf seinen Status fixiert ist. Die „Macht des Unerwarteten", insbesondere die unerwünschten Ereignisse, erweisen sich in diesem Zusammenhang als Prüfung. Diese bringt die wahre Einstellung eines Menschen zum Vorschein.

2. Der Friede Gottes,
der alles Verstehen übersteigt

Wieder liegt eine mehrwöchige Pause zwischen dem zuletzt verfassten Kapitel und diesen neuen Zeilen. Eine Operation an der Hand hatte das Schreiben unmöglich gemacht. Diesmal war es also eine Zwangspause, eine Stille eher unfreiwilliger Natur, die mich innehalten ließ.

Gott, so bezeugen es die Autoren der Bibel, gibt sich nicht einfach nur zu erkennen – so, als wäre er nur für den menschlichen Verstand erreichbar. Nein, er wird auf vielerlei Weise und mitunter ganz leibhaftig erfahren: als Begleiter und Beistand in einer Not, als machtvolles Zeichen für ein ganzes Volk, als Gesetzgeber, als seltsames Naturereignis. Mitunter, so glauben einige, erscheint er in Menschengestalt. Vor allem aber tritt er als personifizierte Liebe in die Geschichte und die Geschichten der Menschen ein – und insbesondere auch in der Stille.

„Heute
werde ich nichts sagen.
Ich werde die Stille
sprechen lassen.
In der Stille
füllen sich die Quellen,
die wir leergeredet haben.
Dann gibt es wieder
Gott-Momente,
ohne Sprache,
in der Fülle der Stille."

Mit diesen Worten umschreibt der Poet und Fotograf Ulrich Schaffer in seinem Buch über Gott (2008, S. 154), wie er diesen erfährt. Sie könnten auch vom biblischen Propheten Elias stammen. Dieser war einst in große Not geraten. Er muss flüchten, um sein Leben zu retten, und hält sich in einer Höhle versteckt. Da kommt es ihm vor, als würde Gott selbst mit ihm reden und sich ihm zeigen. Nacheinander nimmt er einen gewaltigen Sturm wahr, ein starkes Erdbeben und ein verheerendes Feuer. Aber nirgendwo spürt er etwas von Gott. Doch als er nach all diesen Schreckensereignissen ein sanftes leises Säuseln vernimmt, hüllt er sein Gesicht in den Mantel und tritt aus der Höhle heraus (1 Könige,19).

Wir können die Elias-Geschichte aber auch so lesen und verstehen, dass es sich bei dem Sturm, dem Erdbeben und dem Feuer nicht um Ereignisse in der Natur handelt, sondern um Vorgänge in seiner geschundenen Seele. Dies würde bedeuten, dass er diese Vorgänge durchleiden musste, bevor es schließlich still in ihm werden konnte. Dann erst war es ihm möglich, das „Säuseln Gottes" zu vernehmen.

Eine ähnliche Erfahrung lässt sich etwa bei einem Waldspaziergang gewinnen. Erst wenn die Wanderer aufgehört haben zu reden, können sie die Geräusche des Waldes hören – auch die leisen und bislang verborgenen.

Die Stille also. Das Sanfte, das Leise und dennoch so eindringlich Wirkende, als göttliches Ereignis, das den Elias nach all den erlittenen Nöten inmitten einer tiefen Nacht aufstehen und aus der Höhle seiner Angst hervortreten lässt – ja, so kann man es sehen.

Die Bibel geht nicht so weit, die Stille mit Gott gleichzusetzen. Aber immer wieder haben Menschen die Stille aufgesucht, um ihn dort zu finden. Auch Jesus selbst zog sich gerne in die

Einsamkeit der Berge zurück, um dort mit Gott, den er seinen Vater nannte, allein zu sein.

Wer mitten in seinem Alltag – einfach so oder bewusst und gekonnt – die Stille aufsucht, in dessen Herz kann wenigstens für Augenblicke Frieden einkehren. Es können starke Augenblicke werden, die ihn eine Weile tragen. Indem er sich beruhigt, weichen Ängste und Sorgen zurück. In der Stille kann sich der Ruhende von ihnen distanzieren, und dies besagt: So groß und schwer sie auch sein mögen, letztlich haben sie keine Macht über ihn. Darüber hinaus, durch die Verlagerung seiner Position, aus den Nöten heraus zu einem gewissen Abstand hin, kann er gewissermaßen von außen her neue Einsichten gewinnen und Kraft schöpfen. Jene Einsicht und jene Kraft aus der Stille aber sind nötig, um sich den Sorgen zu stellen und ihnen wirksam zu begegnen.

Jedoch, die Herausforderungen, in denen schnell gehandelt werden muss, sind damit nicht erfasst. Hier kommt es darauf an, wie sehr ein Mensch schon zuvor durch lange und regelmäßige Übungen oder von seiner ihm eigenen Mentalität her so sehr in seiner inneren Ruhe verankert ist, dass er im Bedarfsfall schnell und wirksam handeln kann.

Auf jeden Fall erweist sich, dass die Stille oft noch mehr zur Lösung eines Problems beitragen kann als die gewiss ebenfalls erforderlichen Gedankengänge. Das biblische Wort vom „Frieden Gottes, der alles Verstehen übersteigt" oder, in einer anderen Übersetzung, „...welcher höher ist als alle Vernunft" aus dem Philipperbrief (4,7) trägt diesem Sachverhalt Rechnung. Weiter heißt es dort, dieser Friede werde „eure Herzen und eure Gedanken in der Gemeinschaft mit Christus Jesus bewahren". Hier ist zu berücksichtigen, dass diese Gemeinschaft damals (wie heute) sehr umstritten war und oft massiv angefeindet wurde. Wer aber im Frieden Gottes verbleibt und danach handelt, wird in allen Anfeindungen bestehen und sei es über den Tod hinaus – so Paulus.

Nicht von ungefähr wird deshalb dieser Frieden im Galaterbrief (5,22) als eine Frucht des Geistes bezeichnet. Frieden aber erwächst aus der Stille. Sie ist praktisch identisch mit dem Frieden in der Seele. Wenn sie tief genug ist, kann sie in jeder Situation bestehen.

Dionysius Areopagita, der vom Apostel Paulus getauft wurde und dem Vernehmen nach der erste Bischof von Athen war, sagt zum Verhältnis zwischen Gott und der Stille: „Je näher wir Gott sind, umso karger werden unsere Worte. Wo wir viele Worte machen, statt anzubeten, statt zu verehren, statt voll Ehrfurcht auf die Knie zu sinken: Da sind wir von Gott noch weit. Je näher wir Gott sind, umso stiller wird es. Und beginnt das Schweigen, dann hört auch das Fragen auf. Dann sind wir bei Gott."

Was aber geschieht, wenn die Stille eines Menschen, so sehr er sie auch übt und bereits innehat, eben doch von schlimmen Ereignissen durcheinander, aus der Ruhe gebracht wird? Wenn er etwa schwer erkrankt und große Schmerzen erleidet? Wenn er belogen, betrogen und bestohlen wird? Oder wenn er von üblen Umständen oder auch Zeitgenossen erniedrigt und beleidigt und in der Seele verletzt wird? Und wenn dies womöglich auch noch sehr direkt und von einem Moment auf den andern geschieht?

Wohl jeder Mensch kennt diese Erfahrung, sich ruhig und friedlich und damit auch stark zu fühlen und plötzlich dieser Stille entrissen zu werden wie aus einem trügerischen Idyll. Ebendies erfuhren in besonderer Weise auch einige nachbiblische Gestalten, nämlich die christlichen Wüstenväter und –mütter. Diese zogen sich in die Einsamkeit zurück, um auf radikale Weise den Frieden in Gott zu finden. Die Versuchung zum Unfrieden erreichte sie in der Form von Anfechtungen, die sich direkt gegen ihren Frieden in Gott richteten und der Wirkung nach durchaus als teuflisch bezeichnet werden können. Bekannt ist etwas der in der Malerei oft dargestellte Wüstenvater Antonius (um 251-356). So malt Tintoretto um 1577 den Antonius als einen älteren, nur dürftig bekleideten Herrn, umgeben von Dämonen, lustvollen Wesen und wohl auch Zerrbildern der eigenen Phantasie. Er aber blickt hinauf in die Höhe, wo ihn ein Himmelswesen anblickt und schützend die Hände über ihn hält. Dabei bleibt er, wie ihm sein Biograf Athanasius bescheinigt, „ganz er selber, wie ein Mensch, den der Verstand regiert und der im Einklang lebt mit der Natur".

Die Einsiedler brachten ja immer auch ihre eigene innere Unruhe mit – einige von ihnen sogar aufgrund selbst begangener Verbrechen. Dass gerade bei einem von Übeln geprägten Lebensverlauf eine tiefe Sehnsucht nach Ruhe und Frieden entsteht, ist nur allzu verständlich. Und dass dieser Frieden möglichst ewig währen möge, so dass er nur von Gott kommen kann, ist ebenso nachvollziehbar. In einem Gedicht aus jüngeren Tagen von Werner Bergengruen (in: Loccumer Brevier, S. 37) kommt diese Sehnsucht gut zum Ausdruck. Da es sich dabei um ein Gebet handelt und auch das Gebet eine Art Übung ist, gebe ich es ebenfalls in kursiver Schrift wieder:

Wir sind so sehr verraten,
von jedem Trost entblößt,
in all den schrillen Taten
ist nichts, das uns erlöst.

Wir sind des Fingerzeigens,
der plumpen Worte satt.
Wir woll'n den Klang des Schweigens,
der uns erschaffen hat.

Gewalt und Gier und Wille
der Lärmenden zerschellt.
Oh komm, Gewalt der Stille,
und wandle du die Welt.

Dass aber der radikale Weg der Einsamkeit zur Erfüllung dieser Sehnsucht wohl nur wenigen Menschen liegt, kommt in den Klöstern zum Ausdruck. Sie wollen diesen Weg nicht ganz alleine, sondern gemeinsam mit anderen Nonnen und Mönchen gehen. Anschließend an die Wüstenväter entstehen die Orden bereits im vierten Jahrhundert. Vor allem sind es die Zisterzienser und Karmeliter, die sich in der Stille üben.

Während, wie bereits erwähnt wurde, die hinduistische Yoga-Kultur bestrebt ist, die Bewegungen von Körper, Atem und Bewusstsein auf die Stille hin auszurichten, soll sich in diesen Klöstern das gesamte Leben auf Stille hin orientieren und von ihr maßgeblich geprägt sein, um Gott zu finden.

Bernardin Schellenberger gibt uns einen faszinierenden Einblick in den Alltag eines alten Zisterzienser-Klosters. Die Mönche dort lebten ein einfaches, entbehrungsreiches Dasein in Armut und Stille. Nichts sollte sie irdischerseits von ihrer Ausrichtung auf Gott hin ablenken. Sie sprachen nicht miteinander, allenfalls zu genau festgelegten Zeiten und Anlässen. Zum Zeichen des Schweigens und auch, um nicht die Blicke abzulenken, hielten sich viele fast immer die Kapuze ihres Ordenskleids über den Kopf gezogen; dies förderte zudem die Konzentration.

In durchwegs aufrechter, meditativer Körperhaltung verbrachten sie die Tage und verrichteten die anfallenden Dienste. Im Skriptorium, dem für geistliche Studien vorgesehenen Lesesaal, erfüllte den Raum oft eine überaus dichte, gemeinschaftlich erlebte und getragene Stille, die tief ins Herz gehen konnte und die Nähe zu Gott spürbar werden ließ.

Am intensivsten stellte sich diese Stille in der Nacht ein – zwischen dem Gebet vor dem Schlafengehen und dem ersten Tagesgebet um 6.15 Uhr. Auch die Ordensoberen, ansonsten für brüderliche Ratschläge durchaus zu haben, waren in dieser Zeit nicht ansprechbar – außer in einer akuten Gefahrensituation.

Schellenberger schreibt über das Schweigen: „Versuche, die Flügel deines Intellekts geschlossen zu halten, damit du nicht ständig durch die Gegend flatterst. Wenn deine eigenen Worte keinen Ausschlupf mehr finden, verlieren sie allmählich die Freude am Geborenwerden. Sie geben nach und nach den Versuch auf, sich breit zu machen ... Dein Schweigen ist seltsam und nicht leicht: Du legst deine Worte auf den Altar und lässt sie ungenutzt verbrennen. Du verfügst über keine weiteren Worte mehr. Wenn aber das Sammelbecken deiner Worte ganz leer ist, dann schenkt dir Gott die Worte aus seinem unerschöpflichen WORT" (S.120).

Bei all der ungeheuren Wucht und Konsequenz einer solchen Lebensführung – dass es in solchem Nicht-Tun durchaus auch Raum für Humor gab, bezeugt ein Gedicht, das eines Sonntags am Schwarzen Brett im Noviziat gefunden wurde: „Über allen Sitzen / ist Ruh', selbst vom Abtsstuhl her / hörest du / kaum einen Hauch. / Der Nachbar schläft feste. / 'S ist wohl das Beste, / ich schlafe auch" (s. 153).

Ganz allgemein baut sich bei Gruppen, die noch am Anfang ihrer Schweigeübungen stehen, oft und gern eine Heiterkeit auf, die sich dann mitunter heftig schallend Bahn bricht.

Es legt sich nahe, dass eine tief gelebte Stille danach strebt, sich entsprechende Räume zu schaffen. Wer etwa die Krypta der Gereonskirche in Köln aufsucht (und dabei nicht von den Geräuschen der Straße oder einem übenden Orgelspieler gestört wird), wird in diesem Raum geradezu eine „Architektur der Stille" in reinster Form erkennen.

In den Klöstern ist es vor allem der Kreuzgang, der einen besonderen Raum für die Stille bildet. Zumeist ist er in der Mitte der Klosteranlage zu finden. Die Seiten sind als überdachte, still begehbare Wandelgänge ausgelegt. Zum Himmel hin öffnet er sich und ähnelt so einer Schale. Die Hoffläche offenbart ein Kreuz. In deren Mitte steht oftmals ein Brunnen; Wasser ist Leben und auch das Kreuz bedeutet in christlichem Verständnis Leben, Heil und Hoffnung. Wo aber die Mitte leer ist, deutet dies auf die innere Leerheit hin, die erforderlich ist, um auf Gott zu treffen.

Über die Wirkung des Kreuzgangs auch in heutiger Zeit gibt ein Bericht eines unbekannten Reisenden Aufschluss:

„Gegen Mittag suche ich die Kathedrale auf. Ich komme nicht gleich hinein, da gerade eine Trauerfeier stattfindet. Da finde ich einen Kreuzgang aus romanischer Zeit. Die kraftvollen steinernen Säulen offenbaren Sammlung und Ernst. Den Steinplatten des Bodens sieht man es an, dass sie jahrhundertelang begangen wurden. Ach, was diese Steine alles erzählen könnten! Doch sie schweigen.

Das Zeitlose aber teilt sich mit, die Mühe und die Schau des Ganzen – in einer Würde, die mich tief ergreift. Als dann von der offenen Kirchentür her das Laudate omnes gentes aus Taizé erklingt, ist es mit meiner Fassung vorbei. Ich lasse den Tränen freien Lauf. Ich bete für alle, die mir nahe stehen, und für alle, die leiden.

Ich kann nicht anders, als stundenlang hier zu bleiben. Ich sitze nur da und lasse die Stille auf mich wirken und werde selber ganz still.

Irgendwann wird es Zeit zu gehen. Barfuß schreite ich noch einmal auf dem unebenen Pflaster den alten Kreuzgang ab... kaum, dass ich mich lösen kann von diesem Ort."

Die stillen Klöster – auch heute noch gibt es sie, wenn auch nur noch vereinzelt. Erst unlängst wurde der „Großen Stille" des Chartreuse-Klosters in den französischen Alpen ein eigener langer Film gewidmet. Er wurde mit Preisen überhäuft. Er würdigt die Bedeutung der Stille in eindringlichen Bildern – und die Frauen und Männer, die sie leben, um darin ihr Glück zu finden.

Von den großen Persönlichkeiten, die aus dem geistlichen Klima der Orden erwachsen sind, möchte ich Teresa von Avila (1515-1582) und den bereits erwähnten Meister Eckehart besonders hervorheben.

Teresa war eigentlich, von ihrem Naturell her, ein recht unruhiger Geist. Zusammen mit ihrem Freund und Weggefährten, dem kongenialen Johannes vom Kreuz, ist sie rastlos bestrebt, ihren Karmeliterorden zu reformieren. Sie gründet zahlreiche Klöster, die nach ihren Vorstellungen leben sollen. Entbehrungen und mitunter massive Erkrankungen nimmt sie dabei in Kauf. Auch von schweren inneren Erschütterungen wird sie heimgesucht.

Eine Lebensart wie diese deutet nicht gerade auf Ruhe und Kontemplation hin. Sie ist eine Getriebene. Doch wohl gerade deswegen erkennt sie den tiefen Wert der Stille. Aus ihr heraus gewinnt sie ihre unerschütterliche Zuversicht, die sie in ihre wohl berühmtesten Worte kleidet:

„Nichts soll dich ängstigen,
nichts dich erschrecken.
Alles vergeht,
Gott allein bleibt.
Gott allein genügt."

Da Teresa weiß, wo dieser Gott sich finden lässt, hält sie ihre Mitschwestern zur Stille an. Sie, die Stille, lässt zusammen mit dem Gebet aus der gequälten, verzweifelten und verfolgten Seele eine innere Burg entstehen, die von Leid und Not zwar noch weiß, aber davon nicht mehr erobert werden kann. Es ist eine Burg, in der der Frieden Gottes waltet.

Sie sagt: „Gibt es etwas Höheres, was mit dem inneren und äußeren Frieden verglichen werden könnte? Es liegt an dir, diesen Frieden zu erwerben, ihn zu leben und in ihm zu sterben" (in: Dyckhoff, S. 175).

Allerdings, auch dieser Weg ist nicht einfach. Die Konsequenz, mit der er beschritten werden muss, um zum Erfolg zu führen, ist auf die Dauer nicht leicht durchzuhalten. Doch mit jedem Schritt – auch ein Rückschritt kann sich schlussendlich als hilfreich erweisen – wächst das Vertrauen in die neuen, bislang ungeahnten Möglichkeiten. Hierzu schreibt Johannes vom Kreuz: „Sieht der Kontemplative auch keine Fortschritte … schreitet er doch weiter, als wenn er sich nur auf eigenen Füßen bewegte. Gott trägt uns in seinen Armen voran. Daher empfinden wir das Schreiten nicht, obgleich wir im Schrittmaß Gottes dahingetragen werden … Gott ist der Wirkende … was er im Innern formt, ist den Sinnen unzugänglich. Es vollzieht sich im Schweigen … Der Mensch überlasse sich den Händen Gottes. Er liefere sich nicht den eignen Händen aus" (in: Loccumer Brevier, S. 53).

Doch Teresa ist viel zu praktisch veranlagt, um nicht auch darauf hinzuweisen – ja, sie fordert es geradezu –, dass diese innere Burg auch nach außen hin sichtbar werden muss: „Es kommt nicht selten vor – daher ist es wichtig für dich, davon zu wissen – dass jemand, der anhaltend diese tiefe Ruhe im Gebet erfahren hat, sie mit hineinnimmt in seinen Alltag. Du handelst und bist gleichzeitig völlig in Ruhe. Anfangs wirst du diesen Zustand, der höchstens zwei Tage andauert, kaum verstehen können, doch brauchst du dich in keiner Weise zu ängstigen. Deine Leistungen werden in diesen Tagen weitaus brillanter sein als zuvor" (in: Dyckhoff, S. 74).

Auch heute noch setzen sich die Frauen und Männer in den Karmelklöstern mit solchen Gedanken auseinander und versuchen, danach zu leben – hineinzufinden also in den Frieden Gottes, der höher ist als alle menschliche Vernunft und diesen Frieden sichtbar zu machen. Wer je die Ehre hatte, Gast in einem solchen Kloster zu sein, wer mitbeten und die Stille spüren durfte, die an diesem Ort entsteht, der wird wohl eine Ahnung davon bekommen, was es mit diesem Frieden Gottes auf sich hat.

Und Gott selbst? Ihm, so heißt es, gefällt seine eigene Wesensnatur so sehr, dass er sie auch seiner Schöpfung verleihen will, auf vollendete und zugleich verträgliche Weise. Dies geschieht, indem er ihr überall Stille einhaucht. In ihr und nirgendwo anders findet der Mensch zu sich selber.

Dieser Hinweis stammt jedoch bereits von einem anderen „Meister der Stille", dem Dominikanermönch Eckehart.

Mensch – Stille – Gott: Immer wieder kreist das Denken Eckeharts um diese drei Begriffe. Er versucht, deren Verhältnis zueinander zu klären. So sagt er etwa: „Alles ist von Gott und bleibt in Gott, weil es außer Gott nichts gibt. Zur Gottesgeburt in der Seele bedarf es jedoch der tiefen inneren Ruhe." Und an anderer Stelle heißt es: „Gott wird dann in uns geboren, wenn alle Kräfte unserer Seele, die vorher durch Gedanken, Bilder und was es auch sei, gebunden und gefangen waren, ledig und frei werden und in uns alle Absicht zum Schweigen kommt" (in: Publik Forum 1/2010, S. 49). Aufgabe der Seele ist es demnach, gemäß einem biblischen Wort (Jesus Sirach 24,11), Ruhe in allen Dingen zu suchen. Dies bedeutet jedoch nicht, wie Eckehart in seiner Predigt 45 weiter ausführt, sich gänzlich aus der unruhigen Welt zurückzuziehen, sondern nur „ein wenig". Entscheidend ist, dass „das Herz" in allen Bewegungen und Stürmen des Lebens ruhig bleibt. Dies kann der Seele gelingen, wenn sie sich in Gott ruhend weiß. Und mit einer Kühnheit, für die er prompt von kirchlichen Würdenträgern angefeindet wurde, sagt Eckehart weiter: In dieser Herzensruhe ist sogar die gänzliche Vereinigung der Seele mit Gott selbst möglich. Die Seele ist ohnehin schon göttlichen Ursprungs; ein Funke des Ewigen, das so in den Menschen Wohnung genommen hat.

Das hört sich, so kann man einwenden, recht abgehoben an. Doch Eckehart begegnet diesem Vorwurf mit dem Hinweis, dass ja auch die Kreaturen in all ihren Erscheinungsformen aus natürlichem Bestreben heraus immer wieder nach Ruhe suchen, ebenso wie dem Feuer die ihm gemäße Tendenz innewohnt, aufwärts zu streben. „Und darin verraten sie (die Kreaturen) die Gleichheit mit der göttlichen Ruhe, die Gott allen Kreaturen zugeworfen hat."

Für Eckehart ist somit die Stille ureigenste Eigenheit Gottes und, indem er sie den Menschen „einhaucht" und „zuwirft", lässt er sie an seinem Dasein teilhaben bis hin zum Einssein mit ihm selbst.

Es liegt auf der Hand, dass er mit solchen Gedanken von Theologen und Kirchenoberen mit Argwohn betrachtet wird.

Doch bei vielen spirituell suchenden Menschen erfreut er sich über alle religiösen Schranken hinweg großer Beliebtheit. Auffällig ist, dass ihn etwa heutige Zen-Buddhisten mit Interesse zur Kenntnis nehmen.

Und wie steht es in unseren Tagen um die Stille im Christentum? Ach, ein großes oder gar sehr großes Thema ist sie in Theologie und Kirche nie gewesen. Als Weg zu Gott wird sie – im Sinn des Wortes gnadenlos – bis heute verkannt. Kirchliches Gemeindeleben ist nicht oder kaum auf Stille hin ausgerichtet. Gab es früher immerhin noch die „Stille Messe", so sind heutige Gottesdienste, vornehmlich im evangelischen Bereich, eher allzu wortlastig. Geradezu peinlich wird es, wenn ein Liturgievorsteher seine Gemeinde zu einer Zeit der Stille aufruft und diese Stille dann selber keine zehn Sekunden lang aushält.

Viele Gottesdienste in den beiden großen Kirchen sind diesem Verständnis nach still-los.

Dabei stellen sich die Kirchen durchaus ehrlich und oft auch vorbildlich den Sorgen und Nöten unserer Zeit. Etliche katholische „Oberhirten" (das ist so etwas Ähnliches wie die evangelischen „Superintendenten") wollen jedoch eigentlich gar nicht mit der Zeit gehen. Sie begründen dies mit der strikt einzuhaltenden Ausrichtung auf Christus. Dieser ist seinerseits jedoch sehr wohl mit der Zeit gegangen. In sie hinein und nirgendwohin anders brachte er seine Botschaft vom Reich Gottes.

Wiewohl aber nun die katholische Kirche nicht so recht mit der Zeit gehen, sie begleiten will, wird sie dennoch in oftmals großer Wucht von deren Stürmen erfasst. Es sind nicht erst die jüngst wieder ans Tageslicht gekommenen Skandale um den Missbrauch von Kindern, die diese Kirche in ihren Grundfesten erschüttert. Auch Machthunger und Pfründegier hat es unter ihren Würdenträgern immer schon gegeben. Obwohl dies zumeist auch Gegenbewegungen hervorrief – etwa durch Franz von Assisi – sind grundlegende Reformen oft ausgeblieben.

Solche Bewegungen gibt es auch heute noch in den beiden großen Kirchen. Und innerhalb dieser Kirchen ist nun die Stille ein interessantes Phänomen. Denn sie lädt jeden, der sich in sie begibt und sich ihr aussetzt dazu ein, sich selbst ganz und gar aus der Zeit herauszunehmen – um dann aber beruhigt und gestärkt von Neuem in den Alltag zu gehen. Wer das Glück hat, in seiner Nähe einen ansprechenden Kirchenraum für eine Zeit der Stille aufsuchen zu können, macht genau diese Erfahrung.

Suche also eine Kirche auf, von der du weißt, dass dich ihre Räumlichkeit wohltuend anspricht und dass es dort oftmals still ist. Vielleicht musst du dich dazu auf einen Weg machen, der etwas Zeit in Anspruch nimmt – das schadet nicht. Auch der Weg zur Stille hin ist kostbar.

Wenn du angekommen bist und den Raum in Ruhe vorfindest, suche dir nun einen Platz in dieser Kirche, an dem du eine Zeitlang gut sein kannst. Nimm nun Fühlung mit dem Raum auf, lasse ihn einfach nur auf dich wirken, ohne Gedanken dazu anzustellen und ohne dich bereits auf einen bestimmten Gegenstand hin zu konzentrieren. Um die Wirkung zu verstärken, kannst du nun für einige Augenblicke die Augen schließen.

Atme dabei in ruhigen, gleichmäßigen Zügen ein und aus.

Wenn ein Wort oder ein ganzer Gedanke in dir hochsteigt, sage dir: Ja, schön, dass du da bist, nachher will ich mich um dich kümmern. Jetzt aber möchte ich nur die Stille spüren und dabei ohne Worte in mich hineinschauen...

Öffne dann wieder die Augen und nimm den Raum nun erneut wahr. Vielleicht ist die Wahrnehmung nun intensiver gewor-

den… Such dir nun einen Gegenstand, ein Symbol, eine Figur oder vielleicht ein Fenster, an dem dein Blick nun eine Zeit lang verweilen soll. Lass dich nun von dem Gegenstand einfach nur ansprechen. Wenn du möchtest, kannst du dazu zwischendurch wieder kurz die Augen schließen. Du kannst auch aufstehen und langsam auf ihn zugehen, soweit dies möglich ist.

Da ist etwas an diesem Gegenstand, das dich innerlich anspricht. Vielleicht ist es der Ausdruck auf einem Gesicht oder einfach nur eine Farbe oder auch das Licht, das auf den Gegenstand fällt. Nimm nun, wiederum ohne Worte, diese Ansprache einfach nur in dein Inneres auf. Es kann gut sein, dass das Angesprochene dort bereits vorhanden ist, so dass nun zusammenfinden kann, was zusammengehört.

Wenn du nun die Mitteilung des Gegenstands in deinem Inneren vernommen hast, verweile noch ein wenig. Dann verneige dich, atme gut durch und verlasse nun die Kirche, die du aufgesucht hast.

Übungen wie diese lassen sich auch in der Form einer Phantasiereise zu Hause oder in einer dafür geeigneten Versammlung durchführen.

Unter anderem bringen solche Übungen die Erkenntnis mit sich, dass die Bewältigung des Alltags und die Stille zusammengehören. „Kampf und Kontemplation" – so lautet beispielsweise die Losung der Brüder von Taizé im französischen Burgund. Mit dieser Gemeinschaft schließt sich auch räumlich ein Bogen zur Tradition der Stille, denn ganz in der Nähe befinden sich die Überreste eines über viele Jahre hin bedeutenden Ortes des Schweigens, des Zisterzienserklosters von Cluny. Taizé aber ist ein Angebot der Stille, wie es heutigen Menschen und Zeiten gemäß ist.

Eine Meditation aus Taizé (in: Loccumer Brevier, S. 24f) gibt davon Zeugnis:

Nicht nur still werden und den Lärm abschalten,
der mich umgibt.
Nicht nur entspannen und die Nerven ruhig werden lassen.
Das ist nur Ruhe.

Schweigen ist mehr.
Schweigen heißt: mich loslassen,
nur einen winzigen Augenblick verzichten auf mich selbst,
auf meine Wünsche, auf meine Pläne,
auf meine Sympathien und Abneigungen,
auf meine Schmerzen und meine Freuden,
auf alles, was ich von mir denke
und was ich von anderen halte,
auf alle Verdienste und alle Taten.

Nur einen Augenblick DU sagen und Gott da sein lassen.
Nur einen Augenblick sich lieben lassen ohne Vorbehalt,
ohne Zögern, bedingungslos und ohne auszuschließen,
dass ich nachher brenne.
Das ist Schweigen vor Gott,
dann ist Schweigen
Stille
und Reden
und Handeln
und Leiden
und Hoffen
und Lieben
zugleich.

Dann ist Schweigen: Empfangen.
Auf dieses Schweigen weiß ich keine Antwort als:
neues Schweigen,
weil Gott größer ist,
weil jede versuchte Antwort zu klein gerät.

Und doch habe ich keine Angst,
zu reden und zu handeln.
Weil das Schweigen eines Augenblicks vor Gott
und mit Gott und in Gott
die lauten Stunden erlöst.

Man sage nicht, dass Bewegungen wie die von Taizé harmlos und für die poltische Arbeit für Gerechtigkeit und Frieden unerheblich seien. Gerade sie können die Welt (und sogar auch die Kirchen) nachhaltiger verändern als so manches lautstarke Strohfeuer.

Wie dem auch sei – aus den Gedanken von Taizé geht ein weiterer Hinweis hervor. Stille ist im Christentum kein Selbstzweck. Sie ist stets auf Gott hin bezogen. Christliches Üben der Stille beginnt und endet in Gott.

In einer eigenen Meditation versuche ich, diesem Hinweis nachzugehen.

Wo Gott ist

Gott ist tief in den Worten -
Und tiefer noch jenseits der Worte.

Gott ist weit in Mozarts Musik -
Und weiter noch jenseits der Töne.

Und Gott ist tief da im Schweigen -
Und anders noch jenseits des Schweigens.

Und ich finde Ihn,
wenn ich Worte und Töne
und Schweigen und Jenseits -
übe – und lasse.

Ach! Dieser Gott ist tief und weit in mir -
Und ebenso ist er in unserer Freundschaft.
Und selbst noch im Feind.

Gott ist tief in all den Formen irdischen Lebens -
Und genauso noch ist er im Tod.
Gott ist in allen Dingen.

Gott – tief und weit in diesem „ist" -
Und derselbe noch jenseits des „Ist", im Nichts.

So ist er ganz Alles in Allem -
Und alles Nichts im Nichts. Eins.

Wo Er sich ahnen lässt,
Wo Er sich zeigt -

Da ist Er schon. Ganz.
Im Bruchteil eines Augenblicks.

Sein ist die Liebe.
Sein ist das Lächeln.
Sein ist die Schönheit.

Sein ist das Leiden.
Der Schrei in der Folter eines Kreuzes.
Sein ist die Zeit und die Nicht-Zeit.

Gott ist da in der Leerheit.
Dann aber geht er zum Marktplatz -
Noch, und immer. So.
Gott allein genügt.

Dies zu schauen
war mir vergönnt
aus Gnade und Übung.

3. Buddhas Hütte

Als eigentliche und vornehmliche Hüterin der Stille kann die Tradition des Zen-Buddhismus betrachtet werden. Sie ist es, die die Praxis in ihren verschiedenen Schulen und Gruppierungen ganz wesentlich auf das Schweigen hin ausrichtet. Wer je an einem Sesshin – einer Zeit der vertieften Übung über etwa eine Woche hin – teilgenommen hat, wird es spüren: Da senkt sich tiefes Schweigen über eine kleine oder größere Anzahl von Menschen und eine Stille kommt auf, die den ganzen Raum erfasst und auch noch das Innerste der einzelnen Teilnehmer durchdringt.

Reglos und aufrecht sitzen sie da, die Augen nur leicht geöffnet, die Hände bilden eine Schale über dem Schoß. Dabei ruht die linke Hand auf der rechten und die Daumen berühren sich leicht Sonst ist da nichts.

Auch die Gedanken, die kaskadenförmig immer wieder auftreten, beruhigen sich mit der Fortdauer der Übungen. Eine behutsame Regie des vorsitzenden Zen-Lehrers fördert das Hineinfinden ins Schweigen durch die Gestaltung des Geschehens auf die Stille hin. Dezente und bequeme Kleidung soll aller Ablenkung vorbeugen. Jede Teilnehmerin und jeder Teilnehmer, so sehr sie sich vielleicht in Herkunft und Wissen, in beruflicher Stellung oder auch im spirituellen Entwicklungsstand voneinander unterscheiden, nimmt seinen Platz auf einer Matte ein, die gleich allen anderen bemessen ist. Ein harter Schlag mit zwei Holzstöckchen kündigt zum Beginn jeder Sitzung an, dass es nun ernst wird mit der Haltung, dem dauerhaft stabilen Sitz, der konzentrierten Aufmerksamkeit und dem Schweigen. Der Ton einer Klangschale leitet die Sitzung ein, und wenn er verklingt, dann ist es für zwanzig oder dreißig Minuten still – nur still.

Etwa fünfzehn oder auch zwanzig solcher Einheiten absolviert der Übende täglich. Sie beginnen am frühen Morgen, der für die Meditation besonders geeignet ist. Sie ziehen sich über den ganzen Tag hin und enden am Abend mit der Betrachtung des menschlichen Daseins:

„Eines sollten wir uns immer vor Augen halten. Schwerwiegend ist die Frage nach Leben und Tod. Alle irdischen Erscheinungen sind dem Gesetz der Vergänglichkeit unterworfen. Unsere Lebensjahre gehen schnell dahin. Darum seien wir stets wachsam, niemals nachlässig, immer aufmerksam."

Es liegt auf der Hand, dass eine derart praktizierte Stille über die Übungseinheiten hinausgreift. Die Verrichtungen des Alltags, die erforderlichen Arbeiten, die schweigend eingenommenen gemeinsamen Mahlzeiten, selbst die Unterweisung durch den Lehrer und die Unterredung mit ihm – das alles ist keine

Unterbrechung der Meditation, sondern ebenfalls geprägt von der Stille. Damit erfasst sie allmählich den ganzen Menschen und öffnet sein Inneres für Erkenntnisse, die ihm bis dahin verborgen waren. Auch die Stille selbst offenbart ihre bis dahin unentdeckten Seiten. Denn die Übungen schulen zugleich mit der Geistesruhe die Achtsamkeit. Aufmerksam, ohne die vielen sonst üblichen Ablenkungen, vollziehen sich die Tage und Nächte. In diesem Geschehen nimmt der Übende auch sich selbst deutlicher wahr. Dabei trägt ihn die Gemeinschaft der Mitübenden. Von ihnen fließt ihm immer wieder Kraft für sein Tun zu, ohne dass ein Wort gesagt wird. Es ergibt sich eine Art nonverbaler Kommunikation, die den Übenden jedoch nicht im Mindesten von seinem stillen Beisichsein ablenkt. Er bleibt ganz bei sich und seinem Weg.

Diese knappe Beschreibung eines Zen-Sesshin dürfte klarstellen, dass es sich dabei um alles andere als eine Wellness-Veranstaltung handelt. Das viele Sitzen, das Schweigen, die erforderliche Disziplin, die Geduld, die Ausdauer, die Achtsamkeit – das ist durchaus eine große Anstrengung. Dies gilt besonders für die „Durststrecken", in denen nichts an innerer Entwicklung voranzugehen scheint. Gewiss, in manchen Situationen, etwa im Durchbruch zu einer tiefen Einsicht, kommt Freude auf in einem Ausmaß, das der Übende bisher noch nicht kannte. Diese Freude kann sich manifestieren zu jenem leisen Lächeln, das auf vielen Buddha-Gesichtern ruht. Aber stets bleibt das Sesshin eine ernste Übung, die dem Teilnehmer geistig und körperlich einiges abverlangt.

Wer sich auf ein solches Geschehen einlassen will, der bringt nicht selten einen persönlichen Lebensverlauf mit, der die erste der „Vier Edlen Wahrheiten" des Buddha eindrucksvoll bestätigt: Leben ist Leiden. Einige Ereignisse in seinem bisherigen

Dasein haben Wunden in sein Inneres geschlagen. Verletzt und auch sensibel geworden durch eine eigene Leiderfahrung, wagt er es, Buddhas Hütte zu betreten. Eine entsprechende Erfahrung gibt der Dichter Gottfried Benn wieder, wenn er schreibt:

> „Das Leidende wird es erstreben,
> Das Einsame, das Stille,
> Das allein die alten Mächte fühlt,
> Die uns begleiten –
> Und dieser Mensch
> Wird unaufhörlich sein."

Diese Zeilen zeigen, dass Zen-Erfahrungen nicht exklusiv auf den Buddhismus bezogen sind. Sie sind von allgemeiner, ja universaler Natur. Die Lehre des Buddha setzt beim Leben des Menschen an. Sie versucht, dieses Leben nicht fatalistisch, sondern angemessen realistisch zu beschreiben und gangbare Wege aus den Nöten des Daseins zu finden.

Im Lauf der Jahrhunderte wurde es geradezu zu einer Eigenheit des Buddhismus, diese Vorgänge systematisch zu erfassen und in aller Nüchternheit umfassend darzustellen. In keiner anderen Religion wurden Theorie und Praxis der Stille so gründlich erforscht und dargestellt. So werden für die Meditation fünf klassische Hindernisse genannt, die es erschweren, zur Ruhe zu kommen:

- Begierde: nach Befriedigung, die die Sinne, den Körper und den Geist des Menschen erfasst und durcheinanderbringt;
- Übelwollen: Andersdenkenden gegenüber, das sich bis zum Hass steigern kann und friedvolles Meditieren unmöglich macht;

- Absinken in Trägheit: die den Geist verschleiert und unbeweglich macht;
- Unruhe der Gedanken sowie Ablenkungen, die den Geist in grober und auch subtiler Weise erfassen;
- Ungewissheit: die den Geist an Stelle einer klaren Ausrichtung am Sinn seines meditativen Tuns zweifeln lässt und die volle Wirkung des Übens verhindert.

Diese Hindernisse erschweren nicht nur die Meditation, sondern das Leben überhaupt. Sie entstehen durch die Tagesform des Übenden, durch störende äußere Einflüsse und insbesondere dadurch, dass er noch nicht weiß, wie er mit den glückhaften und leidvollen Erfahrungen in seinem Leben umgehen soll. Buddhistische Meditation möchte dem Übenden über die rein irdische und damit vergängliche Wirklichkeit des Lebens hinaus eine Wirklichkeit erschließen, die alle mit den Hindernissen verbundenen Anhaftungen aufhebt und durch Glück und Leid hindurch einen umfassenden inneren Frieden ermöglicht. Die Stille ist nicht nur ein methodischer Weg dorthin, sondern in ihr zeigt sich auch diese – absolut genannte – Wirklichkeit selbst. Sie ist im Übenden bereits angelegt, muss aber erst noch zum Erwachen gebracht werden. Zen ist „nichts anderes als das Bewusstwerden des Lebensdynamismus, jenes Lebens, das sich in uns vollzieht – und sich seiner in uns bewusst ist als das Leben, das in allem lebt" (Merton, S. 157).

Wie ein so gewordener Mensch beschrieben werden kann, wird im nächsten, dem Schlusskapitel, noch zu klären sein.

Noch aber sind wir alle noch lange nicht so weit. Aus den oben aufgeführten Hindernissen erwachsen die Fehlhaltungen, die in der Meditation auftreten können. Der Übende kann beim Sitzen in eine Trägheit oder gar Faulheit absinken. Oder eine innere Unruhe befällt ihn, in der er es auf seinem Platz kaum noch aushält. Er vergisst womöglich die Ausrichtung seines Übens und die dazu erforderliche Achtsamkeit. Er findet die für sein Üben geeignete innere und körperliche Mitte nicht – einer Saite ähnlich, die zu lasch oder zu straff gespannt ist, um den reinen Ton hervorzubringen.

Selbst bei Fortgeschrittenen können sich diese Fehlhaltungen einstellen. Sie erkennen diese jedoch sehr schnell und wissen um geeignete Gegenmaßnahmen.

Zu diesem Wissen gehört die Kenntnis der Kräfte, die ihm beim Üben hilfreich zur Seite stehen:

- Vertrauen: Das Sicheinlassen auf die Methode der Meditation und auf den Buddha, seine Lehre und seine Gemeinschaft führt zu einer Überzeugung, die den Meditierenden entschieden üben lässt;
- Ausdauer: Das eifrige Bemühen ermutigt dazu, im Üben stetig fortzufahren;
- Achtsamkeit: Die konzentrierte Wachheit des Geistes richtet die Meditation in förderlicher Weise aus und erkennt und vermeidet Fehlhaltungen;
- Versenkung: Die Fähigkeit des Geistes zu tiefer innerer Ruhe bewirkt nicht nur wohltuende Stille, sondern schafft auch die Voraussetzung zu klarer Erkenntnis;
- Einsicht: Die Klarheit des Geistes durchschaut die Dinge des Daseins über ihre vordergründige Erscheinung hinaus so, wie sie sind.

Diese Kräfte kann der Übende stets abrufen und aktivieren. Aus dieser Bewusstheit heraus wird er sein Bemühen mit neuem Fleiß und Schwung fortsetzen.

Mit diesen Hinweisen ist jedoch auch angedeutet, dass die tiefe und stabile Stille nicht von heute auf morgen zu haben ist. Erst über etliche Stufen der Versenkung, die in der Literatur genau beschrieben sind, stellt sie sich ein. Erst die intensivierte Stabilität des Geistes in Verbindung mit einer entsprechenden Körperhaltung und Atmung ermöglicht die Wahrnehmung der Wirklichkeit so, wie sie ist.

In der gründlich eingerichteten Stille wird der Übende eins mit sich selbst. In sich ruhend weilt er in Gleichheit mit allem.

Auch für diese nunmehr erreichte tiefe Befindlichkeit des Übenden – Samadhi genannt – lassen sich verschiedene Stufen der Verwirklichung ausmachen.

Die erste Stufe ist vorbereitend. Sie ist noch verbunden mit den Faktoren des Verstandes, mit Entscheidungs- und Denkprozessen, um den Geist auf Verwirklichung hin auszurichten – einer Biene vergleichbar, die sich stets und immer wieder neu auf den Nektar orientiert.

In solchem Geschehen stellt sich eine Freude ein, die sich zeitweise zu einem Glückszustand steigern kann, der aber noch nicht stabil ist. Dies sind bereits erste Ergebnisse des Samadhi-Zustands. Aber dabei bleibt es nicht.

Der Geist des Übenden wird nun fortschreitend einsgerichtet. Inhaltlich lösen sich dabei alle Dualismen auf. Formal kann die Konzentration zunehmend gehalten werden. Wird diese Grundeinstellung und –haltung zunächst über einen Akt des Verstandes erreicht, so geht sie nun gewissermaßen in Fleisch und Blut über. Sie ist immer da – auch noch im Schlaf.

Auf dieser zweiten Stufe der geistigen Versenkung entfallen also die Denkprozesse. Der Übende wird davon unabhängig. Freude und Glück erreichen eine neue Qualität. Immer klarer stellt sich nun die innere Reinheit im Übenden ein. Er wird

„clean". Die Abhängigkeiten aus früheren Lebensgewohnheiten sind zwar noch bekannt, doch sind sie in der Meditation wirkungslos geworden. Er kann seine alten Neigungen aufgeben. Die Anreize hierzu haben ihre Anziehungskraft verloren. Der Übende gleicht einem reinen Raum, einer friedvoll gesäuberten Hütte.

Auf der dritten Ebene der Samadhi- Versenkung ist der Übende dann ganz frei von allem Denken. Er ist achtsam, ohne zu denken. Nun aber verliert auch die Freude an Bedeutung. Mit ihr schwindet das illusionäre Potenzial der Anhaftung, das sie enthält. Die eigentlichen Früchte der Stille treten hervor: Achtsamkeit – Klarheit – Gleichheit – Glückseligkeit – Einsgerichtetheit – auf jeweils hohem Niveau.

Doch auch auf diesem nunmehr erreichten Stand der Verwirklichung ist der Übende noch nicht vollendet. In immer feinerer Gestimmtheit geht er nun von der formgebundenen zur formlosen Versenkung über. Er meditiert die Leerheit des unendlichen Raumes. Er wird frei von allem, was auf Subjekte und Objekte bezogen ist. Damit wird er auch frei von sich selbst. Er ist dann nur noch reine Meditation, reine Konzentration.

Wenn sodann auch diese Seinsweisen abgelegt sind, befindet er sich jenseits von Erkennen und Nichterkennen – dieser letzten Bezogenheiten des Geistes bedarf es dann nicht mehr.

Dies bedeutet: Wenn der Geist des Übenden über all diese Stufen und Ebenen zur Ruhe kommt, hört ganz allmählich alles auf, was ihn bis dahin bewegt und erregt hat: das Denken, die Freude, das Glücksgefühl, der Körper, die Räume, das Bewusstsein. Er ist, wie es in der Zen-Literatur heißt, ein „wahrer Mensch ohne Rang" geworden.

Nun könnte man fragen. Muss man sich wirklich so sehr anstrengen und so lange üben für diese Verwirklichung seines Seins, wie es mit dem Aufweis der Stufen angedeutet wurde?

Und ist es nicht doch nur japanischen oder tibetischen Mönchen und Nonnen vorbehalten, dies zu erreichen?

Aber was war es dann, was Simone Weil, Europäerin durch und durch und gewiss keine buddhistische Nonne, zu den folgenden Versen finden ließ:

„Als sie sich auftat, ließ die Pforte so große Stille hindurch,
Dass kein Garten erschien und auch keine Blume;
Nur der unendliche Raum aus Leere und Licht
War mit einem Mal vollkommen da, erfüllte das Herz,
Und wusch die Augen, fast erblindet unter dem Staub."

Wie aber lebt ein gewöhnlicher Mensch, dem dies widerfährt? Ist er überhaupt noch da?

Ja, er ist da. Er ist zur Ruhe gekommen, er ist befriedet, er ist leer geworden und zugleich präsenter denn je. Er ist selbst zu „Buddhas Hütte" geworden.

Damit ist auch das Rätsel um die Überschrift zu diesem Kapitel gelöst.

Der Vollendete steht keineswegs außerhalb der Wirklichkeit. Er hat sie abgelegt und zugleich voll und ganz erfasst. Daher kann Quin-hong (1272-1352), ein chinesischer Gelehrter, diese Befindlichkeit in die Worte fassen:

„Grüner Nebel, rote Wolken
ziehen einen Pfad durch Bambus,
und eine Hütte, wo die Ruhe Bestand hat.
Lass einfach los und die Sorgen enden."

Und mit den Worten des Zen-Meisters Hakuin (1685-1768) möchte man hinzufügen:

„Fehlt noch etwas in diesem Augenblick?
Nirvana vor unsern Augen.
Das Lotus-Land an diesem Ort.
Dieser Leib das Leben des Buddha."

Es versteht sich, dass eine derartige Auffassung der Stille in das gesamte kulturelle Schaffen Japans hineinwirkt. Dies geht über die meditative Umsetzung in den Übungen hinaus. Gebäude, Räume und Gärten weisen in ihrer Gestaltung klare und ruhige Flächen auf und folgen einer „Ästhetik des Schattens". Rituale, wie etwa die japanische Teezeremonie, sind auf konzentriertes und achtsames Tun in Stille ausgerichtet.

Damit lässt sich nun auch die Frage beantworten, inwieweit sich praktizierte Stille auf eine Gesellschaft auswirkt. Vordergründig scheint dies ja nicht der Fall zu sein. Welche Bedeutung sollen auch schweigende Mönche und Nonnen und praktizierende Laien in der Öffentlichkeit haben? Jedoch, Stille setzt Aktivitäten frei. Insbesondere künstlerisches Schaffen ist oft ein einsamer Akt, entsteht aus der Stille heraus, in der sich der Künstler ganz und ausschließlich auf das Objekt einlässt, das er schaffen oder bearbeiten will. Der Lärm des Tages würde ihn dabei nur stören. Wenn sich aber die Kultur der Stille in Bildern und Figuren, in Gebäuden und Gärten, in Übungen und Ritualen manifestiert, so nimmt sie damit Einfluss auf die Gesellschaft, die dieser Kultur Raum gibt.

Und die Menschen selbst? Ganz allgemein ist es ratsam, wenn wir unsere Entscheidungen aus dem Schweigen heraus, „in aller Ruhe" fällen. Entschlüsse dieser Art haben die Chance, ausgereifter zu sein als jene, die vorschnell im Affekt, „aus dem Bauch heraus" getroffen werden.

Wenn du vor einem Problem stehst oder wenn eine Not oder auch Wut dich plagt oder wenn eine schwere Entscheidung ansteht, könnte die folgende Übung hilfreich sein.

Suche bei einigermaßen gutem Wetter einen Park oder einen Wald auf. Wenn du bereits etliche Meter in ihn eingedrungen bist, ändere sodann Tempo und Art des Gehens. Setze deine Schritte nun einfach ein wenig langsamer, bedächtiger. Verfolge das Heben und Absetzen der Füße mit deinem inneren Auge. Dazu braucht es kein Zeitlupentempo – das wäre zu langsam. Es genügt, nur ein weniger ruhiger und gleichmäßiger voranzukommen, so dass dein Geist die einzelnen Abläufe bewusster mitgehen kann. Richte dabei dein Bewusstsein auf den ganzen Körper, auf seine Bewegung in dieser Umgebung und insbesondere nun auf deinen Atem. Spüre auch die angenehme Frische der Luft. Atme ruhig und stetig, nicht übertrieben, aber bewusst und achtsam ein. Versuche, in Tempo und Bewegung des Atmens und Gehens die richtige Mitte zu finden, deine eigene Mitte, die dir gemäß ist.

Nach einer Weile kannst du diese Übung noch ein wenig vertiefen. Begleite nun mit deinem Bewusstsein, wie die Luft beim Einatmen deine Lunge füllt und den Bauch weitet. Begleite sie beim Verlassen des Körpers. Lass sie dabei ganz von selber kommen und gehen – ohne sie gedanklich zu steuern. Und setze dabei weiterhin Schritt für Schritt deine Füße in achtsamer Wahrnehmung auf den Boden, der dich trägt.

Vergiss über diesem Geschehen das Problem, das du gerade hast, oder die anstehende Entscheidung, oder stelle sie für diese Augenblicke zur Seite. Beschäftige deinen Geist allein nur mit der Aufmerksamkeit, die auf das Gehen gerichtet ist. Und lass auch die Zeit einfach mal laufen, ohne dass sie dich beeinflusst.

Verbinde nunmehr in deinem Bewusstsein Atem, Geist und Körper miteinander. Auch dabei musst du nichts vom Willen her steuern. Die Verbindung entsteht von selbst.

Jetzt ist die Zeit gekommen, dich deiner Not, deiner Wut oder deiner Entscheidung anzunehmen. Du kannst dich dazu auf eine Bank setzen oder behutsam weitergehen. Nimm nun bei jedem Einatmen dein Problem in den inneren Blick. Schau es einfach nur mit deinem geistigen Auge an. Entlasse es bei jedem Ausatmen mit einem Lächeln. Führe diese Übung nun für eine Weile aus.

Nimm sodann wahr, was sich in Bezug auf dein Problem verändert hat. Vielleicht konntest du mehr Abstand dazu gewinnen, bist innerlich freier geworden. Vielleicht ist dir ein neuer Aspekt in den Sinn gekommen, der dir bisher verborgen war.

Und vielleicht hat sich etwas von der Ruhe dieser Übung in dir festgesetzt, mit der du nun in den Alltag gehen kannst.

„Was lässt das Gehirn ständig vom Frieden dieses Einen in den Unfrieden des Anderen gehen? Dies ist eine Grundfrage, die sich im Schweigen eröffnet. Vielleicht ist es die Grundfrage unseres Lebens" (Mittelsten Scheid, S. 51).

Wo sich aber Menschen durch solche Übungen der Stille ihrer Wirklichkeit immer klarer bewusst werden, können sie mit den daraus folgenden Problemlösungen und Entscheidungen in die Gesellschaft hineinwirken und diese sogar verändern. Die Übung der Stille reinigt und erhellt das Bewusstsein und formt es um, hin zu einer neuen Qualität der Erkenntnis. Dies bewirkt mit der Zeit dann auch ein anderes öffentliches Auftreten.

An dieser Stelle ist der Aufweis einer weiteren Einsicht geradezu überfällig. Sie lautet: Stille braucht Bewegung – und Bewegung bedarf der Stille. Die eine korrespondiert in stetem

Austausch mit der anderen. Der Austausch erfolgt je nach Befindlichkeit in ernstem Bemühen oder auch spielerisch. Letztlich gibt es für uns Menschen keine Stille ohne den entsprechenden Weg und keinen guten Weg ohne die Stille (vgl. Brantschen, S. 102-105). Exemplarisch mag dies auch deutlich werden in der bereits beschriebenen Vorgehensweise bei der Entstehung der Zeichnungen in diesem Buch.

Wie sich dieses Leben in Stille vollziehen kann, sei nun noch am Beispiel eines Zen-Übenden erläutert. Wiewohl er darin weit gekommen ist, möchte ich ihn nicht als Vorbild hinstellen, denn jeder Mensch muss da seinen eigenen Weg finden und gehen, gehen und finden. Vielmehr soll er verdeutlichen, was Stille in Reinkultur bedeuten kann.

Der Einsiedler Ryokan lebte in tiefer Abgeschiedenheit. Zugleich fühlte er sich mit den Menschen in seiner Umgebung innig verbunden. Um 1758 geboren, beschließt er mit neunzehn Jahren, auf eine unter günstigen Vorzeichen stehende berufliche Laufbahn zu verzichten. Er wird Mönch, folgt einem berühmten Zen-Meister in dessen Kloster und übt dort etwa zwölf Jahre lang. 1790 wird seine Erleuchtung anerkannt. Es folgen einige Pilger- und Wanderjahre, bis er sich mit etwa vierzig Jahren in einer leerstehenden Einsiedelei auf halber Höhe des Kugami-Berges in seiner Heimatprovinz Echigo niederlässt.

Schon bald spricht sich die liebenswürdige Güte seines Wesens herum. Immer wieder sucht er die benachbarten Dörfer auf, besucht Freunde, spielt mit den Kindern und feiert mit den Bauern. Das Wenige, das er zum Leben braucht, holt er sich auf Bettelgängen. Alles Überflüssige verschenkt er.

Von vornherein also verbleibt er nicht in der strengen Abgeschiedenheit seiner Klausur, sondern sucht auch den lebendi-

gen Austausch mit den Menschen. Belehrungen und Ermah-
nungen erteilt er nicht. Sein Dasein als solches strahlt Reinheit
und Freude aus (Ryokan, S. 11). Er lebt heiter und klar, auch
wenn ihm das Leben in der Natur einiges abverlangt und harte
Entbehrungen seiner Gesundheit schaden. Im Lauf der Jahre
wechselt er in eine kleinere Einsiedelei und dann in das Haus
eines Schülers. Dort trifft er auf die Nonne Teishin. Die beiden
verlieben sich förmlich ineinander, der alte Mönch und die jungen Nonne, sie unterhalten sich unablässig über Religion und
Literatur und verfassen gemeinsam Gedichte. Aber schon vier
Jahre später (1831) ist sein irdisches Leben zu Ende.

Mit diesem Dasein kommt Ryokan einem alten Zen-Gedan-
ken nach. Dieser besagt: Es genügt nicht, still und abgeschie-
den zu leben und die tiefen Erfahrungen nur immer weiter zu
pflegen. Buddhistische Existenz verbleibt nicht in der stillen
Weltabgeschiedenheit einer Klause, sondern vollendet sich in
der „Rückkehr zum Marktplatz". Erleuchtung ist kein Selbstzweck – und welches „Selbst" sollte denn da auch erleuchtet
sein! Als der, der er geworden ist, soll sich der Verwirklichte auf
eine ihm gemäße Weise den Menschen zuwenden. Buddhisten
kennen die Gestalt des „Bodhisattva" – eines Wesens, das als
bereits Vollendetes endgültig in das Nirvana eingehen könnte,
dies aber verweigert, solange nicht sämtliche Lebewesen der
Erlösung zugeführt sind. Wenn er über dieses Bemühen hin
stirbt, muss er sich keine Sorgen machen, da andere (und auch
via Wiedergeburt er selbst) dieses Werk fortführen werden.
Damit gilt die Rückkehr zum Marktplatz als höchste Stufe der
Spiritualität des Zen (Ryokan, S. 16).

Der Einsiedler Ryokan predigt nicht über Zen, er lebt ihn.
Nicht wenige solcher Gestalten gab und gibt es unter den Buddhisten, sie bleiben jedoch namenlos. Was Ryokan berühmt

gemacht hat und ihn auch heutigen Menschen näherbringt, sind seine Gedichte und Volkslieder. Wie nebenbei sind sie entstanden, als bloße Empfindung oder als Ausdruck einer spontanen Wahrnehmung im Geist des Zen. In ihrem Ausdruck sind diese Gedichte direkt und genau, ohne Umschweife und Schnörkel:

> „Ich sitze still, höre die fallenden Blätter –
> Eine einsame Hütte, ein Leben der Entsagung.
> Die Vergangenheit ist verblasst, Erinnerungen verschwunden,
> Mein Ärmel ist nass von Tränen."

(Ryokan, S. 25)

Diese einfachen und gerade dadurch so ausdrucksstarken Aussagen lassen aufhorchen. Von Freude und Glückseligkeit ist in diesen Zeilen nichts zu spüren. Er benennt ehrlich und ohne Umschweife seine Einsamkeit.

Wie kann das sein, dass ein Erleuchteter weint? Auch dies ist Zen: Er beklagt sich nicht, er verbleibt auch mit seinem nassen Ärmel in reiner Wahrnehmung.

In Buddhas Hütte darf auch geweint werden, nichts muss da unterdrückt werden, denn auch dies wäre nur eine andere Form der Anhaftung.

Ob sich Tränen, Wut und Trauer und alle negativen Emotionen jemals ganz aus einem Menschenleben forträumen lassen, steht dahin. Es ist eher unwahrscheinlich. Entscheidend aber ist ohnehin, wie der Übende mit diesen Anwürfen umgehen lernt.

> „Mein Leben mag traurig erscheinen,
> Aber auf der Reise durch diese Welt
> Habe ich mich dem Himmel anvertraut.

In meinem Rucksack drei Pfund Reis;
Beim Herd ein Bündel Feuerholz.
Wenn jemand nach dem Kennzeichen
von Erleuchtung oder Illusion fragt,
Ich kann es nicht sagen – Wohlstand und Ehre sind bloß Staub.
Wie der Abendregen fällt, sitze ich in meiner Einsiedelei
Und strecke beide Füße aus als Antwort."

(Ryokan, S. 29)

Vielleicht liegt gerade darin eines der Geheimnisse vollendeter Stille: die Trauer genauso annehmen zu können wie die Freude. Beide sind nun mal Empfindungen, die im irdischen Leben immer wieder auftreten. Und beide wechseln stets einander ab. Auch in längeren Zeiten der Trauer weiß ein Mensch, der mit ihr in die Stille geht, um die Freude und um die Selbstheilungskräfte, die im Schweigen heranwachsen. „Wenn das pure Bewusstsein erreicht ist, hat alles einen unendlichen Wert" (Merton, S. 218).

Bedarf es großer geistiger und körperlicher Leistungen, um auf diese Weise leben zu können? Ach was, sagt Ryokan, während er mit Kindern spielt:

„Wir werfen einen kleinen Wollball hin und her.
Ich will mich ja meiner Geschicklichkeit nicht rühmen, aber…
Wenn mich jemand nach dem Geheimnis meiner Kunst fragt,
sage ich ihm:
Eins, Zwei, Drei, Vier, Fünf, Sechs, Sieben!"

(Ryokan, S. 33)

Ja, er ist sich nicht zu schade, sich solchen Spielen hinzugeben oder mit den Bauern Reisschnaps zu trinken. In der Stille des Zen lösen sich die vermeintlichen Niederungen ebenso auf wie die geistigen Höhenflüge. Zurück bleibt eine Existenz, die authentisch und verwirklicht lebt und dabei gewissermaßen leer ist, weil sie frei von Nichtigkeiten geworden ist.

War Ryokan damit wunschlos glücklich? Ach was, warum sollten es nicht auch in einem solchen Leben Wünsche geben dürfen:

> „Oh, wäre doch meine Priesterrobe weit genug,
> leidende Menschen
> In dieser vergänglichen Welt zu bergen."

(Ryokan, S. 84)

Stille äußert sich, oder:
Wie lebt eigentlich ein spiritueller Mensch?

Was also ist es nun, das einen Menschen ausmacht, der aus der Stille heraus lebt? Was unterscheidet ihn und seinen Alltag von anderen? Gibt es da etwa die eine oder andere Eigenschaft, die ihn besonders auszeichnet?

Aus den vorangegangenen Kapiteln lassen sich etliche Hinweise entnehmen, wie sich spirituelles Dasein äußert. Um hierzu einen Überblick zu gewinnen, möchte ich diese Hinweise nun zusammenfassen. Dabei folge ich in weiten Teilen den Grundaussagen des christlichen Zen-Lehrers Niklaus Brantschen – so wie sie mir in mündlicher Unterweisung zuteil wurden –, die ich ergänze und weiter ausführe. Mit dem Hinweis auf diesen Lehrer möchte ich auch andeuten, dass es wohl besser ist, an Stelle der folgenden Erläuterung selber einem spirituell verwirklichten Menschen zu begegnen und ihn in seiner Eigenart kennen zu lernen. Wer aber das Folgende annehmen und in das eigene Dasein umsetzen möchte, dem kann dieser Überblick auch zum Ausblick auf seine Zukunft werden.

Der grundlegende Satz für alles Folgende lautet: Der spirituelle Mensch – ob Frau oder Mann – lebt aus der Stille heraus. Er verbündet sich mit ihr. Er wird geradezu eins mit ihr. Was auch immer er sonst noch mit dem Begriff der Stille verbindet – mag er es „Gott" oder „Leerheit" oder wie auch immer nennen – ist keine bloße Idee, sondern reine Wirklichkeit. Diese

Wirklichkeit geht über alles Irdisch-Vergängliche hinaus; sie ist absolut. Sie ist ungeschaffen und ungeteilt, unzerstörbar, ohne Anfang und ohne Ende. Sie ist in sich selbst identisch und frei von aller Dualität. Damit steht sie auch nicht in einem Gegensatz zu allem Relativen, Irdischen, Vergänglichen. In sie hinein ist alles aufgehoben.

In der Stille wird diese Wirklichkeit real erfahrbar. Die Stille ist jedoch nicht nur ein methodischer Weg dorthin. Sie ist letztlich mit dieser Wirklichkeit identisch.

Damit aber das immer schon vorhandene Absolute nicht nur von Zeit zu Zeit spontan aufleuchtet, sondern stets bewusst bleibt, bedarf es der Übung der Stille. Diese Praxis hat sich in den Herausforderungen des Alltags bis in den Tod hinein zu bewähren und ist so lange erforderlich, bis der mit dem Üben zu sich gekommene Mensch nicht mehr aus der Stille herausfällt, sondern im Grund und in voller Präsenz in ihr verbleibt. Dies geschieht auch dann, wenn er oder sie sich der Welt zuwendet und in sie hineinwirkt, zum Wohl der Menschen und aller Natur. Da er sich selbst gefunden hat und verwirklicht, kann er sich den Lebewesen zuwenden und auf sie eingehen. Da er sich selbst annehmen und lieben kann, so, wie er ist, kann er diese Annahme und Liebe auch allen anderen, so wie sie sind, entgegenbringen.

Damit ist der erste der nun folgenden Hinweise dazu, was spirituelles Leben insbesondere ausmacht, bereits angesprochen:

1. Ein spiritueller Mensch
lebt in tiefem Bezug zu sich selbst.

Er nimmt sich als Ganzes wahr: in seiner Körperlichkeit ebenso wie in seiner geistigen Dimension. Spiritualität, so könnte man hier mit dem Religionswissenschaftler Michael von Brück sagen, ist die Beschäftigung des Bewusstseins mit sich selbst. Dieses Bewusstsein ist jener Auffassung zufolge keine feste Instanz, sondern eine Funktion des Geistes und als solche ein Prozess, der spirituell beobachtet wird. Aus dieser Begleitung heraus lässt es sich mit der Zeit verändern. Es gewinnt immer mehr an Klarheit über sich und die Dinge der Welt. Denn das Bewusstsein ist ja selber ganz und gar Welt.

Indem das Bewusstsein in diesem Geschehen zu klarer Erkenntnis heranreift, beobachtet es nun seinerseits die Spiritualität. Zunehmend genauer kann es dabei die spirituellen Defizite wahrnehmen, die in der Übung sowie in der gesamten Lebensführung (noch) vorhanden sind. Neben den groben lassen sich dann auch die feineren Fehlhaltungen erschließen und bearbeiten.

Wenn also von einem spirituellen Menschen gesagt werden kann: Er oder sie ist sich über sich selbst weitgehend im Klaren, dann ist, was diesen ersten Punkt betrifft, schon viel erreicht.

2. Ein spiritueller Mensch lebt
in einem klaren Verhältnis zu seiner Umwelt.

Es trifft nicht zu, dass er zu seiner Verwirklichung in tiefer Abgeschiedenheit und ganz für sich allein leben muss. Dies mag für bestimmte Lebensabschnitte gut und richtig sein. Man sucht vielleicht für eine gewisse Zeit die Einsamkeit auf, um zu sich zu kommen. Danach gehört jedoch die erneute Zuwendung zur Öffentlichkeit zum spirituellen Vollzug. In ihr hat er sich zu stellen und zu bewähren.

Es kommt also nicht von ungefähr, wenn tibetische Mönche einige Jahre in einer Höhle oder in strengster Einzelklausur verbringen oder wenn Zen-Mönche in der Zeit bis zu ihrer Erleuchtung in einem stillen Kloster leben und dann einige Jahre der Wanderschaft anfügen, bevor sie sich dann irgendwo endgültig niederlassen. Selbst der Einsiedler Ryokan lebte in stetem Austausch mit seiner Umgebung. Auch der christliche Einsiedler Nikolaus von der Flüe hauste in seiner Klause nur wenige Gehminuten von seinem Hof und der Familie entfernt und wurde von Ratsuchenden aufgesucht. Auch die Wüstenväter verbarrikadierten sich nicht in ihrer Einsamkeit, sondern schlossen sich zu losen Verbänden zusammen und suchten einander auf. Aus dieser Tradition heraus kann der Mönch Thomas Merton für die heutige Zeit sagen: „Der Einsiedler von heute lebt in der großen Stadt."

Gerade dies besagt jedoch zugleich, dass spirituelle Menschen nicht vollständig in ihrer Umwelt aufgehen, auch wenn sie sich ihr ganz hingeben. Sie leben sozusagen unter einem Vorbehalt der Stille. Der gezielten Übung der Stille widmen sie einen beträchtlichen Teil ihres Alltags. Aus ihr heraus entstehen ihre

Gebete. Hinzu kommen Übungen und Studien zur Vertiefung der Meditation; eine entsprechende Lektüre, eine rituelle oder künstlerische Tätigkeit… Aus Meditation und Studium erwachsen Kraft und Können für das öffentliche Wirken. Dieser Dienst am Gemeinwohl in irgendeiner Form wird zur eigentlichen Tätigkeit des spirituellen Menschen.

Mit dem Älterwerden mag er sich ein wenig von der Öffentlichkeit zurückziehen. Er wird jedoch weiterhin auf dem „Marktplatz" anzutreffen sein und dort vielleicht sogar prägnanter wirken als zu den aktiveren Zeiten. Hier kommt mir ein sehr alter Geistlicher in den Sinn, der sich selbst so sehr loslassen konnte, dass er an einem offenen Grab etwa vierzig Minuten lang die Trauergemeinde mit seinen Worten förmlich in seinen Bann zu ziehen vermochte – und das bei strömendem Regen.

Wenn ein spiritueller Mensch in einer Familie oder in einer Partnerschaft lebt, wird er dies mit seinem Dasein zu vereinbaren wissen. Auch seine Beziehungen wird die Stille bereichern. Die zölibatäre Lebensform ist keine Voraussetzung für eine spirituelle Existenz und für ein Leben aus der Stille.

Spirituelle Menschen öffnen sich der Umwelt und der Kultur, die sie umgibt. Sie nehmen Anteil und bringen sich ein. Dies bedeutet aber auch, dass sie ihrerseits Prägungen seitens der Umwelt an sich zulassen. Daraus ergibt sich ein lebendiger Austausch, der beide Seiten nährt und fördert. Sie sind weltoffen oder, wie es der im NS-Regime ermordete Jesuit Alfred Delp formuliert hat, „zur Erde entschlossen".

3. Ein spiritueller Mensch weiß, wie er meditieren kann.

Qualifizierte Stille braucht Übung. Vielfach wurde dieser Hinweis in den vorangegangenen Kapiteln gegeben und untermauert. Wenn Stille gelingen und den Übenden zu tieferer Einsicht in sich selbst und in die Wirklichkeit des Daseins führen soll, muss sie methodisch gut geübt werden. Auf dieser Ebene der Stille geht es nicht um eine Verschnaufpause zwischendurch oder um ein Ausruhen, wenn gerade nichts mehr geht, oder um eine zufällige Lücke zwischen zwei Terminen, geschweige denn um ödes Dasitzen in einem der vielen Wartezimmer des Lebens. Der Übende nimmt sich bewusst Zeit für eine Einheit des Stillseins. Er baut die Stille auf, hält sie eine Weile und findet dann wieder in seinen Alltag zurück. Er kann diese Übung mit eigenen Gebeten, Ritualen und Widmungen umkleiden, die sich mit den Jahren von selber einstellen. Er kann die Stille mit einer Gruppe regelmäßig teilen.

Der spirituelle Mensch wird sich für sein Üben eine zu ihm passende Lehrkraft suchen. Diese wird sein Schweigen mit all ihrem Können und ihrer Erfahrung fördern. Der Übende wird mit ihr auch in einen geistigen Austausch treten.

Mit der Zeit wird der Übende selber an Erfahrung gewinnen. Dies bezieht sich dann insbesondere auch auf die Schwierigkeiten und Hindernisse, denen die Stille beim Üben immer wieder ausgesetzt ist. Trägheit und Müdigkeit lassen den Übenden von der Linie der Konzentration und des bewussten Schauens in seinen Geist abgleiten. Nervosität und übersteigerte Wachheit, ob aus dem Alltag heraus oder durch ein belastendes Ereignis, überschatten die Übung so sehr, dass der Übende die erforderliche Ruhe nicht halten kann.

Wenn du träge bist, atme tiefer ein als aus.
Wenn du erregt bist, atme tiefer aus als ein.

Mit solchen Maßnahmen kann der erfahrene Übende jene Tendenzen auflösen, die aktuell sein Üben behindern. Er wird insbesondere sehr schnell wahrnehmen können, wann sich ein Fehler in sein Stillsitzen einschleichen will. Er wird erkennen, worum es sich dabei handelt, und sofort Gegenmaßnahmen ergreifen, noch ehe er sich in die hinderliche Tendenz hinein verloren hat.

Längere Zeiträume des Übens bringen mit den Jahren eigene Probleme mit sich. So kann etwa nach guten Fortschritten in der Anfangszeit eine Stagnation in der Entwicklung oder auch Unlust eintreten. Auch solchen Phasen kann der spirituelle Mensch begegnen. So wird er eine spirituelle Durststrecke, in der nichts vorangeht, nicht als Unglück betrachten. Er wird vielmehr annehmen, dass sich währenddessen in seinem Inneren in aller Stille ein vielleicht sogar sehr großer Entwicklungsschritt anbahnt, der eben seine Zeit braucht. Diese Zeit gibt ihm die Gelegenheit, jene Tugenden (wie Geduld, Ausdauer etc.) heranreifen zu lassen, ohne die sein Fortschreiten in der Stille nicht möglich ist.

Gegebenenfalls wird sich der spirituelle Mensch bei größeren Anlässen mit seiner Lehrerin, seinem Lehrer beraten.

Letztlich kann in der geübten Stille der Geist frei und leer werden von allen den Themen und Ereignissen, die ihn im Alltag beschäftigen. Und er weiß, wie er etwas von dieser gewonnenen Leere in seinen Alltag hineinbringen kann.

4. Ein spiritueller Mensch hat Zeit.

Der spirituelle Mensch hat Zeit, weil er sie sich nimmt. Sie läuft ihm nicht davon und er muss ihr nicht nachjagen. Nicht sie verfügt über ihn, sondern er hat sie. Er hat dafür keine Eile.

Obwohl ein spiritueller Mensch mitunter viele Termine wahrnimmt, hält er sie zumeist korrekt ein. Er kommt ihnen jedoch nicht nur nach, er erfüllt sie auch. Bei manchen spirituellen Menschen ist das besonders deutlich ausgeprägt. Man sitzt ihnen gegenüber oder geht einen Weg mit ihnen, und obwohl man weiß, dass sie so viele Dinge um die Ohren und im Kopf haben, sind sie spürbar ganz da, sind reine Gegenwart. In dieser vollen Präsenz wenden sie sich dem Gegenüber zu, teilen sich mit, begleiten und leiten mit ganzer Kraft.

Das Verhältnis des spirituellen Menschen zur Zeit ist entspannt. Dies ist möglich, weil er niemals ein Gefangener der Zeit ist. Er kann sich sogar aus der Zeit herausnehmen, wann immer er will. Dies geschieht in der Meditation. Während ihrer Dauer hört die Zeit auf. Wenn alles still ist, steht auch die Zeit still.

Im Film lässt sich der Zusammenhang von Stille und Zeitlosigkeit gut verdeutlichen. Wenn ein Regisseur ein Geschehen besonders herausheben will, nimmt er mitten im Ablauf den Ton weg und setzt für einige Augenblicke die Zeitlupe ein. Die Lautlosigkeit und die Verlangsamung der Zeit verleihen der Szene eine tiefe Wirkung. Der Regisseur will damit vermitteln, dass hier etwas sehr Bedeutsames geschieht, das noch lange nachwirken wird.

Auch in den Träumen verliert die Zeit an Bedeutung. Der Rhythmus der Daten ist hier völlig durcheinander, oft sogar aufgehoben.

Wer aber seine Zeit auch im Alltag loswerden kann, existiert gewissermaßen zeitlos. Er lebt damit keineswegs beliebig in den Tag hinein. Denn da er sich nichts von der Zeit diktieren lässt, kann er sie seinerseits gestalten. An der Zeit als solcher kann er natürlich nichts ändern. Und dennoch lebt er zeitfrei.

5. Ein spiritueller Mensch hat Humor.

Wenn ein junger Mensch etwa in ein Zisterzienserkloster eintrat, so war er von einem auf den anderen Tag von stillen Menschen umgeben. Alle standen sie ja unter dem Gebot des Schweigens. Dennoch wurde er von den Mönchen oder den Nonnen, den jungen wie den alten, empfangen und begrüßt – mit einem stillen, feinen, von Herzen kommenden Lächeln.

Es ist diese Art von Humor, die dem spirituellen Menschen eignet. Es ist Ausdruck einer inneren Freude, einer Leichtigkeit des Daseins. Hier geht es nicht um plakative Gags und schon gar nicht um plumpe Zoten, sondern um einen Ausdruck inneren Friedens.

Dieser Frieden lässt sich auch nicht von schweren persönlichen Rückschlägen aus der Ruhe bringen. Der Roman- und Filmheld Alexis Sorbas baut mit seinem Herrn zusammen eine Leitung, mit der Holzstämme zu Tal befördert werden sollen. All ihr Können und Vermögen stecken sie in das Projekt. Schließlich, am Tag der Eröffnung, rauscht das erste Holz zu Tal – und die ganze Leitung fällt der Reihe nach in sich zusammen. Lähmendes Entsetzen legt sich über die Gesichter der Anwesenden. Bis auf Sorbas. Nach einer ersten Schrecksekunde sagt er: „Ach, Herr, hast du je etwas so schön zusammenkrachen sehen…?"

Diese Worte weisen Sorbas – neben seiner Art zu tanzen – als spirituellen Menschen aus. Da ist keine zynische Resignation am Werk, sondern ein ungeheurer Lebensmut. Er kann sogar dem Einsturz etwas Schönes abgewinnen. Er weiß ja, das Leben wird dennoch weitergehen und ihn auch wieder Erfreulicherem zuführen.

Spiritueller Humor ist von zwei Aspekten gekennzeichnet, die ebenfalls der Sorbasgeschichte entnehmbar sind. Zum einen: Dieser Humor kommt zustande, weil sich der spirituelle Mensch selber nicht so wichtig nimmt. Es geht ihm nicht um die Befriedigung persönlichen Glücksempfindens etwa durch möglichst viele Konsumgüter, denen er folglich nachjagen müsste, um Glück zu finden. Er belustigt sich auch nicht auf Kosten anderer. Sein Humor speist sich aus einem tiefen inneren Frieden, den er gefunden hat und der ihm auch in härteren Zeiten das Herz leicht macht. Die Bescheidenheit im Gebrauch der Güter macht ihn von diesen unabhängig und lässt ihn sein Glück auch in den kleinen, scheinbar nebensächlichen und wertlosen Dingen finden. Die kleine Blume am Wegrand nötigt ihm ebenso viel Ehrfurcht ab wie das gewaltige Bergmassiv.

Dies weist auf den zweiten Aspekt hin, in dem spiritueller Humor gründet. Er stellt sich gerne dann ein, wenn der spirituell geprägte Mensch materiell arm ist. Er macht sich ja nichts aus Reichtum und Überfluss. Eine gewisse materielle Grundsicherung, einen bescheidenen Wohlstand nimmt er vielleicht noch an, aber das bedeutet ihm nicht sonderlich viel.

Die Armut des spirituellen Menschen ist mit jener in armen Ländern verwandt. Wer solche Länder bereist, ist in der Regel tief betroffen über das Elend, das er dort antrifft – und zugleich erstaunt über die Heiterkeit vieler Menschen und besonders der Kinder, die dort leben. Er kann sich diese Haltung im Angesicht der Not nicht erklären. Es dürfte auch schwierig sein, sie zu ergründen. Aber sie hängt sicherlich damit zusammen, dass das Ausbleiben der großen und wertvollen Güter die vielen kleinen und billigen Dinge im Leben umso kostbarer macht. Diese aber liegen buchstäblich auf der Straße.

Gewiss ist alles daranzusetzen, die materielle Not armer Menschen zu lindern und zu beheben. Auch der spirituelle Mensch wird sich darin engagieren. Dabei kann er mit seinem Humor und seinem Lächeln, den Armen verwandt, Brücken bauen.

6. Ein spiritueller Mensch erträgt Belastungen.

Versuchungen, Verletzungen, Verluste – so lassen sich die großen Belastungen umschreiben, denen wir Menschen im Allgemeinen ausgesetzt sind.

Versuchungen erliegen: Das meint ein Sicheinlassen auf angebliche Glücksbringer, die sich mit der Zeit als trügerisch herausstellen. Dabei geht es nicht nur um materielle Güter, die Erfolg oder Glück versprechen und sodann die Erwartungen nicht einlösen. Nicht selten entsteht aus der Täuschung ein regelrechter Betrug.

Die wohl schwerwiegendste Versuchung besteht darin, sich auf falsche Freunde oder gar Partner einzulassen, die sich im Nachhinein als schwere Belastung für das eigene Leben herausstellen. Unendlich schwer ist es oft, sich aus solchen Beziehungen zu lösen. Denn es entstehen Verletzungen der Seele daraus. Wohl kein Mensch kommt in seinem Leben um die Erfahrung solcher Belastungen herum. Empfindlichkeiten und seelische Verletzungen sind die Folge. Der falsche Umgang mit Verletzungen ist es letztlich, der ganze Kriege unter den Menschen auslöst.

Verluste bleiben ebenfalls niemandem erspart – vom Verlieren bestimmter Güter über das Abschied-nehmen-Müssen von den Lebensstufen bis hin zum Verlust geliebter Menschen durch Verletzung, Entfremdung oder Tod.

Auch die spirituell ausgerichteten Menschen sind all diesen Belastungen ausgesetzt. Sie müssen all das aushalten, was das Dasein nun einmal an Tragik und Sorge mit sich bringt. Es scheint, dass sie sogar noch schwerer daran zu tragen hätten als andere, da sie von ihren Übungen her für das gesamte Leben sensibler geworden sind. „Leicht zerstörbar sind die Zärtlichen" – so umschreibt daher der Dichter Friedrich Hölderlin diese Verfasstheit.

Ein spirituell geübter Mensch kann jedoch gerade mit seinem Feingefühl so sehr in den Schmerz hineingehen, dass er gewissermaßen in dessen Mitte vordringen, ihn dort genau erkennen und damit umdrehen kann. Zugleich bringt ihm seine Übung – nämlich alles in der Meditation Aufkommende, insbesondere aber seinen eigenen Geist, genau zu beobachten – die Fähigkeit, sich seiner Not nicht auszuliefern, sondern auch sie ohne Wort und Wertung zu betrachten, wobei er den ruhigen und tiefen Atem beibehält. Damit findet er eine Distanz zu seinem Schmerz, mit der er ihn auflösen kann.

Der Übende ist also zu einer doppelten Strategie in der Lage. Alle Konflikte im Leben sind eine Frage von Nähe und Distanz und vom jeweiligen Können in diesen Positionen her lösbar.

Dies freilich erfordert eine bereits fortgeschrittene Übung. Sie kann belastende Zustände wesentlich verändern und auflösen, ist jedoch kein Allheilmittel. Der spirituelle Mensch wird sich nicht scheuen, auch andere Hilfsmittel – von der Anwendung gewaltfreier Kommunikation bis hin zu therapeutischen Maßnahmen – in Anspruch zu nehmen, wenn es ihm geboten scheint.

Überdies kann ein spiritueller Mensch die Kraft aufbringen, freiwillig etwas vom Leid dieser Welt auf sich zu nehmen, etwa durch einen Einsatz in einem armen Land oder auch in einem Sterbehospiz.

Was auch immer sein und kommen mag: Er ruht in sich.

7. Eins spiritueller Mensch lebt rhythmisch.

Wissend um die Ordnung in den Abläufen der Natur, dem Auf und Ab der Zeiten und Geschehnisse, baut er sich eine eigene Ordnung auf. Es ist ihm nicht egal, wann und womit er den Tag beginnt, wie er ihn verbringt und wann und womit er ihn beschließt. Auch noch die Nacht und der Schlaf obliegen seiner Gestaltung. Den Tag über setzt er Akzente, wie etwa Übungen und Gebete, die ihn unter anderem zur Ordnung rufen und an die große Ordnung des Lebens gemahnen. Diese kann mit dem immerwährenden Ablauf von Geburt – Werden – Sterben – Tod umschrieben werden.

Der Rhythmus, der bei einem spirituellen Menschen sichtbar wird, ist also nur das äußere Erscheinungsbild einer inneren Ordnung. Diese erschöpft sich nicht in sich selbst. Sie orientiert sich auf eine Wirklichkeit hin, die jenseits aller Ordnung liegt. Mit Begriffen wie „Paradies", „Nirvana" oder „Himmelreich" lässt sich diese Wirklichkeit nur höchst unzureichend umschreiben. Ich habe sie an früherer Stelle als „absolute Wirklichkeit" bezeichnet. Doch solche Begriffe sind nur unzulängliche Versuche, eine Wirklichkeit einzugrenzen und damit in eine Ordnung zu bringen, die dieser nicht eignet.

Wenn ein Mensch einen inneren und äußeren Rhythmus auf seine Ordnung hin aufbauen will, wenn er sie gegen Störungen immunisieren und von Zeit zu Zeit durch behutsame Reformen verfeinern und vollenden will, so benötigt er dafür ein gehöriges Maß an Disziplin. Diese wird an Bedeutung verlieren, je mehr die Ordnung dem Übenden in Fleisch und Blut übergeht. Sie wird jedoch im Bedarfsfall stets abrufbar sein.

Ordnung und Disziplin sind keine Zwangsjacken. Sie sind vielmehr Quellen der Freude.

In diesem Zusammenhang ist eine Anekdote von Pablo Casals erwähnenswert, dem wohl berühmtesten Cellisten des 20. Jahrhunderts. Als er einmal gefragt wurde, warum er mit über 90 Lebensjahren trotz seines vollkommen ausgereiften Könnens immer noch drei bis vier Stunden täglich übe, antwortete er: „Ach, weil ich gerade eine gute Phase habe."

Auch bei spirituell Verwirklichten ist eine solche Einstellung noch in hohem Alter anzutreffen.

8. Ein spiritueller Mensch lebt schöpferisch.

Dass Stille und Bewegung unmittelbar zusammenhängen und nach Ausdruck drängen, wurde bereits gesagt. Stille erschöpft sich nicht in sich selbst. Je geübter, je qualifizierter sie ist, umso mehr wird sie sich um einen entsprechenden Ausdruck bemühen. Dies bezieht sich zunächst auf den Lebensstil. Von der Kleidung über die Gestaltung des Tages bis hin zum Gebrauch der Sprache wird sich der spirituelle Mensch um Ausdrucksformen bemühen, die zur Grundlage und Ausrichtung seines Daseins passen. Bei der Wahl der Formen wird er nicht berücksichtigen, ob sie der Gesellschaft gefallen. Er wird sich nicht verbiegen, um öffentlich anzukommen. Er wird es aber auch nicht auf Provokation anlegen. Er schielt überhaupt nicht auf seine Wirkung in der Öffentlichkeit. Er bleibt ganz bei sich. Seine Ausdrucksformen werden nicht nur stimmig, sondern auch zweckmäßig sein.

Der Stimmigkeit obliegt auch seine künstlerische Betätigung. An die Stelle des Zweckmäßigen tritt hier jedoch stärker das Spielerische. Der spirituelle Mensch lebt aus der Stille heraus schöpferisch. Dies umfasst zusammen mit den rein handwerklichen Prozessen auch die Entfaltung spielerischer Phantasie. Originalität entsteht dabei nicht um ihrer selbst willen.

All sein Tun steht mit der Stille zumeist in unmittelbarem Zusammenhang. Besonders deutlich wird dies etwa in der chinesischen Kalligrafie (Verdier, 2006); hier explodiert selbstvergessene Stille förmlich in rascher Bewegung in die Schriftzüge hinein. Die Kalligrafie, die Gestaltung tibetischer Mandalas wie auch die japanische Teezeremonie sind zudem gute Beispiele dafür, wie schöpferische Phantasie durchaus auch in sehr strenge Formen münden kann. Ähnliches gilt auch für die islamische und christliche Gestaltung von Moscheen, Kirchen und Klöstern. Das Spielerische kommt, bei aller Strenge, deutlicher in der Gestaltung von Gärten zum Ausdruck.

Zu den Formen schöpferischer Betätigung gehört auch die Sexualität. Diese ist bekanntlich ein sehr machtvoller Trieb, der einen Menschen ganz von sich abhängig machen und beherrschen kann. Die Entdeckung der absoluten Wirklichkeit kann die Sexualität als ein sehr irdisches Vergnügen zu Recht relativieren und entmachten. Dennoch wird sich ein spiritueller Mensch, sofern er sich nicht einer anders orientierten religiösen Tradition verpflichtet fühlt, auch sexuell achtsam und phantasievoll betätigen. Mit der Zeit wird er dabei zu eher subtilen Formen der Sexualität finden, die nicht so sehr auf die der menschlichen Natur gemäße Triebbefriedigung ausgerichtet sind, sondern mehr noch auf die Wahrnehmung von Ästhetik. Diese führen zum Staunen über die Schönheit beseelter Körper und Bewegungen. Eine solche Schönheit kommt für ihn nicht immer nur bei jungen, sondern auch bei alten Menschen vor.

Da ein spiritueller Mensch stets bei sich ist, wird er auf natürliche Weise daraufhin angelegt sein, dies im schöpferischen Tun zum Ausdruck zu bringen. Hierfür stehen verschiedene Möglichkeiten zur Verfügung – von der Sprache über ein Handwerk bis hin zu Malerei, Musik und Tanz. Wenn er zu einer dieser Ausdrucksformen einen besonderen Zugang verspürt, wird er diese bevorzugen. Dies wird ihn jedoch nicht daran hindern, sich auch in anderen Formen zu betätigen. Wenn er es darin zur Meisterschaft bringt, wird die von ihm geschaffene Form dem Inhalt seines Lebens genau entsprechen.

9. Ein spiritueller Mensch ist ehrlich.

Es wurde bereits gesagt, dass der Beginn eines echten therapeutischen Prozesses darin besteht, sich selbst nichts mehr vorzumachen. Dies gilt auch für den Bereich der Spiritualität.

Anfangs ist es nicht immer leicht, die bisher gelebte Wirklichkeit so anzunehmen, wie sie sich bisher ereignet hat, und dann auch noch dazu zu stehen. Sich selbst gegenüber aufrichtig sein bedeutet mitunter das ehrliche Eingeständnis eigenen Fehlverhaltens und destruktiver Einstellungen. Mitunter gilt es sogar, sich einer großen Lebenslüge mutig zu stellen. Da ein solch großer Schritt oft sehr schwerfällt, tut ein Mensch in solcher Situation gut daran, sich therapeutisch und auch spirituell begleiten zu lassen. Dies gilt besonders dann, wenn er einen Punkt erreicht hat, an dem es in seinem Leben nicht mehr so wie bisher weitergehen kann. Dieser Punkt kann den endgültigen Absturz einleiten – oder er wird zum Wendepunkt für ein neues, ein zunehmend stimmiges und gelingendes Dasein. Hierfür ist schonungslose Ehrlichkeit, zunächst sich selbst und seinem Begleiter gegenüber, unabdingbar.

Es geht hier keineswegs um eine moralische Bewertung menschlichen Fehlverhaltens und der damit verbundenen Lügen, sondern einfach nur um die Zweckmäßigkeit lauterer Wahrhaftigkeit im Hinblick auf gelingendes Leben.

Dies gilt erst recht vom spirituellen Dasein.

Wer einmal den Mut gefunden hat, aufrichtig zu sich selber zu stehen, wird sodann auch öffentlich zunehmend ehrlicher auftreten. Er wird sich nicht mehr um die Wahrheit drücken, zugleich aber klug genug sein, nicht jedem alles auf die Nase zu binden. Spirituelle Klugheit achtet auf die Befindlichkeit des Gesprächspartners und wägt ab, was diesem zumutbar ist.

Ein Dilemma ergibt sich, wenn für die sprachliche Darstellung einer Wahrheit die richtigen Worte noch nicht gefunden sind. Wahrheiten sind in der Regel vielschichtig. Einerseits ist es also schier unmöglich, eine Wahrheit in all ihren Dimensionen zu erkennen und in ihrem gesamten Gehalt auszusprechen, andererseits führt es nicht weiter, deshalb einfach zu schweigen. Wenn also jemand spürt, dass er nur einen Teil der Wahrheit, einen ersten Ansatz aussprechen kann, sollte er dies dazusagen. Damit wird er sich selbst, dem Gesprächspartner und der Wahrheit gegenüber gerecht.

Auch wenn es also gar nicht so einfach ist, ehrlich und wahrhaftig zu sein – ein spiritueller Mensch wird sich dennoch stets darum bemühen. Sein inneres Auge ist auf Wahrheit hin trainiert. Die Fähigkeit, am Anfang seiner Bemühungen aufrichtig sein zu können und zu dürfen, mag eine derart starke und befreiende Erfahrung gewesen sein, dass er sie bis zum Ende seines Lebens durchtragen kann – jedoch auch angesichts neuer Versuchungen immer wieder üben muss.

10. Ein spiritueller Mensch lebt ganzheitlich.

Was bedeutet „ganzheitlich"? Durch häufigen esoterischen Gebrauch ist diese Beifügung zu einem Modewort verkommen, so dass es schwerfällt, den gemeinten Inhalt näher zu bestimmen. Nicht wenige Menschen finden deshalb die Verwendung dieses „Unworts" als abgeschmackt. In unserem Zusammenhang besagt die Formulierung ganz einfach, dass ein spiritueller Mensch die zuvor genannten neun Punkte zu einer Einheit zusammenfügt und lebt. Er tut dies ganz selbstverständlich, ohne sich dabei irgendwelchen Zwängen des Erstrebens zu unterwerfen. Harmonisch fügen sich die Punkte in seinem Leben zusammen und bilden ein eigenes Ganzes. Dabei verändern sie sich in ihren Anteilen auf dynamische Weise. Die nunmehr zehn Punkte sind also nicht wie eine Stufenleiter zu betrachten, so, als würden sie an fester Stelle stehend aufeinander aufbauen. Welcher Anteil jeweils wichtig ist, ergibt sich daraus, wie es um den spirituellen Menschen aktuell gerade steht. Die einzelnen Anteile müssen auch nicht eigens erarbeitet werden. Sie entstehen und ergeben sich aus der Stille heraus, sind gewissermaßen deren Früchte.

Wie aber steht es nun mit dem Glück? Entsteht aus der Stille auch die Frucht des Glücks?

Am Ende aller Gedanken zur Stille sind es diese Fragen, die noch zu klären sind. „Glück aus der Stille" enthält ja eine Verheißung. Trifft es denn zu, dass aus geübtem Schweigen Glück entsteht? Macht Spiritualität froh? Ist ein spiritueller Mensch glücklich oder gar glückselig, und ist er es immer?

Die Kapitel in diesem Buch geben Hinweise darauf, um welche Art von Glück es sich hier handeln könnte. Es wurde ja darauf hingewiesen, dass es sehr verschiedene Glücksvorstellungen gibt. Stille kann sicherlich nicht alle diese Vorstellungen befriedigen. Sie zielt, wenn überhaupt, nur auf eine ganz bestimmte Art von Glück. Die Darstellungen zur geübten Stille in den Kapiteln erlauben es, für diese eigene Art einige Kriterien aufzustellen.

Es wurde herausgearbeitet, dass die Stille den Übenden dazu bringt, sich selbst zu erkennen. Sich so wahrnehmen, wie er oder sie ist, die Wahrheit also über die eigene Wirklichkeit als Mensch erfassen, so wie sie ist: Diese Erkenntnis, die sich in den Jahren des Übens einstellt, bedeutet das Ende aller Illusionen. Daher wird ein spiritueller Mensch, indem er diese Einsicht gewinnt, sich auch hinsichtlich des Glücks keinen Illusionen mehr hingeben. Daher kann er diesbezügliche Verheißungen aller Art von vornherein als illusionär entlarven.

Dies bezieht sich auch auf diejenigen Personen, die sich in ihrer Glück verheißenden Ausstrahlung für ein gutes Geschäft, eine Freundschaft oder gar eine Partnerschaft anbieten. Jeder Mensch, der sich auf vermeintliche Glücksbringer einlässt, geht damit ein Risiko ein. Darum kommt niemand herum und dies macht sogar einen gewissen Reiz bei der Partnersuche aus. Ein spiritueller Mensch wird jedoch sehr früh erkennen, was bei seinem Gegenüber „echt" ist, wie er also tatsächlich „tickt", was also an seinen Verheißungen dran ist. Er wird daraus Konsequenzen ziehen, bevor ihn der Andere, statt ihn glücklich zu machen, ins Unglück stürzt.

Wer die Spiritualität der Stille in sich trägt, wird ferner an einer gescheiterten Beziehung nicht verzweifeln. Er wird vielmehr den und die Menschen finden, mit denen er tatsächlich glücklich und in Frieden leben kann. Und er wird erkennen, von welchen Menschen er sich besser fernhält.

Wer aber zu solchem Glück nicht in der Lage ist – sollte der nicht das spirituell ungesicherte Glück riskieren, um wenigstens ein gewisses Maß davon zu erfahren? Gewiss, er kann sich dafür entscheiden. Er nimmt dann jedoch in Kauf, dass aus diesem Glück im weiteren Verlauf großes Unglück entstehen kann. Wenn es ihm das wert ist... sollte er sich dennoch in der Spiritualität der Stille üben, um eines Tages vielleicht doch zu einem Glück in der Lage zu sein, das frei von Illusionen ist.

Ein zweites Kriterium für ein Glück aus der Stille entsteht aus der Einsicht in die Vergänglichkeit alles Irdischen. Gemeinhin wird erwartet, dass Güter dieser Art – etwa ein teures Auto, eine Traumreise oder eine luxuriöse Immobilie – glücklich machen. Ein spiritueller Mensch erkennt jedoch, dass das mit solchen Gütern verbundene Glück von zeitlich begrenzter Dauer ist. Er wird diese Güter daher nur bedingt anstreben und sein eigentliches Glück im Unvergänglichen suchen, um dessen Wirklichkeit er weiß.

Diese Art von Glück ist nicht machbar, herstellbar oder käuflich. Sie stellt sich von selber ein, wenn der Übende in seinem Bemühen so weit ist.

Solange er jedoch übt mit dem Ziel, glücklich zu werden, solange er also das Streben nach Glück zum eigentlichen Anlass seiner Bemühungen macht, wird es sich nicht einstellen. Der Übende muss jene Phase erreichen, in der es kein Wünschen und Sehnen mehr gibt. Dann erst, wenn er nur noch übt, um zu üben, übt er ganz. Erst wenn er absichtslos in seinem Tun geworden ist, wird ihm das Glück aus der Stille zuteil werden.

Er wird das Glück nicht mehr anderswo suchen. Er wird es in sich selbst finden, sozusagen von Grund auf. Und da dieses Glück von nichts und niemandem abhängig ist, bedeutet es eine vollkommene Freiheit.

Ein drittes Kriterium für diese Art von Glück bezieht sich auf die Impulse, die das frohe Empfinden hervorrufen. Der spirituelle Mensch sucht das Glück nicht außerhalb seiner selbst, da er es ja schon in sich trägt. Indem er aber nichts und niemanden mit Glückserwartungen befrachtet, kann ihm alles zum Glück werden. Kleine und auch noch kleinste Dinge können ihn Glück empfinden lassen, selbst und gerade wenn sie materiell vollkommen wertlos sind. Dem spirituellen Menschen liegt das Glück buchstäblich auf der Straße.

Daher begibt er sich auch nicht der Illusion, dass es der Stärke der äußeren Anreize bedarf, um sein Glück zu steigern. Einem Kind in einem armen Land vergleichbar, das mit völlig belanglosen Steinen und Stöckchen spielt, ist er selbstvergessen glücklich. Das Glück der kleinen Dinge gibt es umsonst. Große Güter müssen erst erworben werden und die Anstrengung dafür rechtfertigt auf Dauer selten den Preis.

Die Erkenntnis der eigenen Wahrheit, die Einsicht in Bestand und Vergänglichkeit und das Gewahrsein von Glück in allen Dingen – dies also sind einige Merkmale, die die Eigenart des Glücks aus der Stille ausmachen. Damit ist nicht alles gesagt. Jedoch, schon jetzt lässt sich feststellen: Ein spiritueller Mensch, der aus der Stille lebt und in sich ruht, hat tatsächlich das Zeug dazu, durch alles Leid hindurch wahrhaft glücklich zu sein.

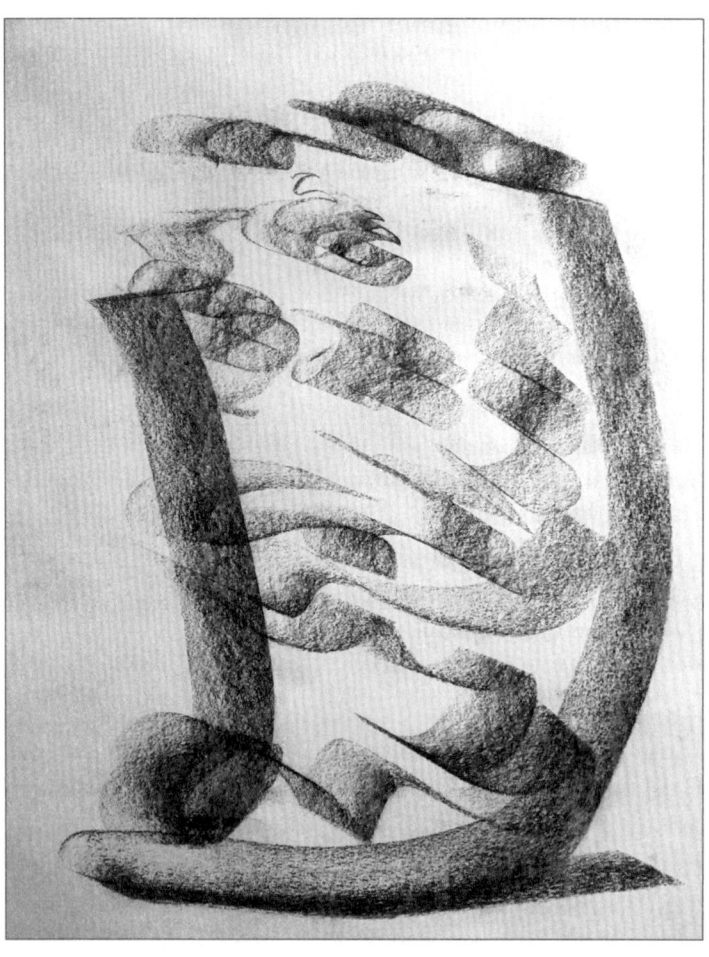

Verwendete und empfohlene Literatur

Brantschen, Niklaus (2004): Weg der Stille. Orientierung in einer lärmigen Welt. Freiburg i. Br.: Herder.

Dyckhoff, Peter (2000): Aus der Quelle schöpfen. Das innerliche Gebet nach Teresa von Avila. München: Don Bosco.

Fried, Erich (1990): Als ich mich nach dir verzehrte. Gedichte von der Liebe. Berlin: Wagenbach.

Halbfas, Hubertus (1984, 2. Aufl.): Das Welthaus. Ein religionsgeschichtliches Lesebuch. Stuttgart: Calwer.

Herbstrith, Waltraud (1992). Wo das Schweigen beginnt. Meditationen zu Texten von Johannes vom Kreuz. Mainz: Matthias-Grünewald.

Kaufmann, Hans-Günther, Lechner, Odilo (2001): Kraft der Stille. München: Pattloch.

Kettenberger, Oswald (1977, 9. Aufl.): Lasst uns das Leben wieder leise lernen. Wuppertal: Kiefel.

Lang, Max (2008): Mit Buddha auf dem Pfad der Weisheit. Die Übung des Alltags als spirituelle Aufgabe. Petersberg: Via Nova.

Ders. (2009): Freundschaft – ein Geschenk des Lebens. Petersberg: Via Nova.

Loccumer Arbeitskreis für Meditation (Hg.) (1990): Loccumer Brevier. Loccum: Evangelische Akademie.

Merton, Thomas (1975): Weisheit der Stille. Die Geistigkeit des Zen und ihre Bedeutung für die moderne christliche Welt. Bern u.a.: O.W. Barth.

Mittelsten Scheid, Dieter (2007): Stille in einer lauten Welt. Im Schweigen sich selbst erfahren. München: Kösel.

Panikkar, Raimon (1996): Gottes Schweigen. Die Antwort des Buddha für unsere Zeit. Frankfurt a.M.: Fischer.

Plutarch (2000): Über die Seelenruhe. In: Die Kunst zu leben. Frankfurt a.M.: Insel.

Publik-Forum Extra (6/2008): Stille. Der Klang der Ewigkeit. Oberursel: Publik-Forum Verlagsges. mbH.

Quarch, Christoph (2009): Unsere Welt ist heilig. Auf dem Weg zu einer globalen Spiritualität. Freiburg: Herder.

Quekelberghe, Renaud von (2009): Psychologie der Stille. Eschborn: Dietmar Klotz.

Ryokan (1999): Eine Schale, ein Gewand. Zen-Gedichte. Leimen: Werner Kristkeitz.

Sawaki, Kodo(2005): Zen ist die größte Lüge aller Zeiten. Frankfurt: Angkor.

Schaffer, Ulrich (2008): Gott in der Weite meiner Phantasie. Stuttgart: Kreuz.

Schellenberger, Bernardin (2005): Die Stille atmen. Leben als Zisterzienser. Stuttgart: Kreuz.

Seneca (1967): Vom glückseligen Leben. Stuttgart: Kröner.

Stiegler, Richard (2007): Kein Pfad. Aus der Stille leben. Bielefeld: J. Kamphausen.

Tolle, Eckhart, Ifang, Erika (2003): Stille spricht. Wahres Sein berühren. München: Goldmann.

Verdier, Fabienne (2006): Zeichen der Stille. Eine Initiation in China. CH Winterthur: Edition Spuren.

Warns, Else Natalie (2008): Eberhard Warns: „Ich will Freiheit beim Malen". Kunst als autonome Kommunikation eines Menschen mit Demenz. Hamburg-Schenefeld: EBVerlag.

Weißenborn, Theodor (1975): Heimkehr in die Stille. Heilbronn: Eigen Salzer.

Wilber, Ken (2007): Integrale Spiritualität. Spirituelle Intelligenz rettet die Welt. München: Kösel.

Wurmser, Léon (1993, 2. Aufl.): Die zerbrochene Wirklichkeit. Psychoanalyse als das Studium von Konflikt und Komplementarität. Berlin: Springer.

Zeisler, Maria, Jaufenthaler, Gottfried (2005): Tiefe Ruhe für Kinder. O.O.: homebase-records.

Über den Autor

Max Lang lebt als freier Lektor in München. Seit vielen Jahren begleitet er Menschen in besonders schweren Lebenssituationen. Als Grundlage hierfür praktiziert er Zen (Sanbo Kyodan), Tibetischen Buddhismus (Nyingma) und christliche Spiritualität (Karmel). 2008 erschien sein Buch „Mit Buddha auf dem Pfad der Weisheit" und 2009 „Freundschaft – ein Geschenk des Lebens", beide bei Via Nova.

Freundschaft –
ein Geschenk des Lebens
Max Lang

Paperback, 240 Seiten, ISBN 978-3-86616-143-6

Was wäre unser Leben ohne gute Freunde! Wie könnte es ohne sie gelingen! Die Freundschaften sind es, die dem eigenen Dasein Fülle und Tiefe verleihen. Im Geben und im Nehmen erschließen sie menschliches Werden und Vollenden. In zahlreichen Geschichten, im Blick auf die Jahrhunderte und auf die Kulturen der Welt und die Weisheit der Philosophen erschließt er die spirituelle Dimension der Freundschaft. Als besonders hilfreich erweisen sich hierbei Impulse aus der Welt des Buddhismus. Ein eigenes Kapitel ist der Freundschaft mit alten Menschen gewidmet.

Mit Buddha auf dem Pfad
der Weisheit
Die Übung des Alltags als spirituelle Aufgabe
Max Lang

Paperback, 208 Seiten, ISBN 978-3-86616-100-9

Ist die Lehre des Buddha mit der Rede von Gott vereinbar? Muss, wer sich spirituell zum Osten hin orientiert, auf seine christlichen Wurzeln verzichten? Dieses Buch bietet in der Antwort auf diese Fragen einen völlig neuen Ansatz. Es geht über einen bloßen Vergleich zwischen Jesus und Buddha hinaus. Zunächst erwartet den Leser eine kompakte und profunde Darstellung dessen, was wir mit Gott bezeichnen, und den Lehren der „Fahrzeuge" des Buddha. Daraus kann der Autor die Verbindungslinien der beiden Weisheiten bis hin zu einer gemeinsamen Essenz aufzeigen. In einem eigenen Abschnitt finden sich konkrete Beispiele zur spirituellen Gestaltung und Bewältigung des Alltags.Anstelle trockener Erörterungen hat der Autor das Buch hier mit einer unverwechselbar persönlichen Note versehen.

Im Urvertrauen leben
Loslassen, fallen lassen, gelassen sein
Matt Galan Abend

Hardcover, 176 Seiten, ISBN 978-3-86616-199-3

Viele Menschen leben heute mehr im „Urmisstrauen" als im Urvertrauen: Geprägt durch Erfahrungen der Kindheit und ihres täglichen „Lebenskampfes" misstrauen sie oft allem und jedem – natürlich auch sich selbst. Sie wollen alles beobachten, alles kontrollieren, alle Fäden in der Hand behalten und wittern überall Angriff und Gefahr. Das verbraucht Ihre Energie, und Sie erfahren immer mehr Ihre Begrenzung und Ihren Mangel statt die Fülle der Schöpfung. Dieses Buch zeigt den Weg, wie wir auch noch als Erwachsene die essentiell wichtige Basis des Urvertrauens aufbauen können, wie wir lernen, unsere Lebensaufgabe zu erkennen, anzunehmen und zu lösen, kreativ-spielerisch zu gestalten, statt zu kämpfen, uns unserer wahren Schöpferkraft bewusst zu werden und die geistigen Gesetze der Schöpfung für uns, statt gegen uns wirken zu lassen.

Die befreiende Kraft der Vergebung
Eine Anleitung, um wirklich verzeihen zu können
Jim Dincalci

Paperback, 288 Seiten, ISBN 978-3-86616-198-6

Manchmal sind es nur kleine Dinge, die man nicht verzeihen kann, manchmal traumatische Ereignisse, die das ganze Leben überschatten. Aber immer, so betont der amerikanische Psychologe und Vergebungsexperte Jim Dincalci, vergiften sie das eigene Leben. Vergeben bedeutet darum freiwerden. Aber wie? Dincalci hat dazu ein Vergebungsprogramm entwickelt, das wirklich hilft: um die Blockaden auf dem Weg der Vergebung zu lösen, um die inneren Helfer zu entdecken, die stärken, und vor allem: um sich auch selbst vergeben zu lernen.

Das Geheimnis deiner Seele
Entdecke dein wahres Sein
Klaus Manfred Janko

Hardcover, 192 Seiten, ISBN 978-3-86616-180-1

Die zentrale Botschaft des Buches für den Leser besteht darin, sich zu erinnern, dass er die Seele ist, die in einem Körper wohnt, nicht ein Denker, der im Gehirn seines Körpers wohnt und arbeitet. In 37 „Seelen-Kapiteln" behandelt es die wichtigsten Lebensbereiche des Menschen, wie z.B. Frieden, Liebe, Beziehungen oder Emotionen und beleuchtet sie aus den verschiedensten Blickwinkeln der Seele. Der Leser soll motiviert werden, seinen eigenen individuellen Weg zu finden, um seiner Seele immer näher zu kommen, damit er sich dem Transformationsprozess in ein höheres Bewusstsein öffnen kann.

Im Einklang mit sich und der Welt leben
Die Kräfte der Natur nutzen für mehr Lebensqualität
Urs-Beat Fringeli

Paperback, 208 Seiten, ISBN 978-3-86616-179-5

Erprobte, praktische Übungen, lebensnahe Anregungen und Tipps helfen dem Leser, in sich geistige Lebens- und Heilkräfte zu entwickeln und sein Leben im Frieden mit sich und seiner Mitwelt zu gestalten. Die wachsende Sensibilisierung für Nachhaltigkeit und Schutz unserer Erde weckt in vielen Menschen das Bedürfnis, etwas konkret dafür zu tun. Dieses Buch vermittelt ein ganzheitliches Welt- und Menschenbild, eine neue „Spiritualität der Natur", die den Menschen wieder stärker in Natur und Kosmos einbindet, ihm Tatkraft, Gesundheit, Harmonie und Lebensfreude, mehr Lebensqualität schenkt.

Heilgebärden
**Verbindung mit dem heilenden Feld
durch Bewegung und Meditation
– Vorwort von Chuck Spezzano
Barbara Schenkbier**

Hardcover, 160 Seiten, 42 mehrfarbige Fotos,
ISBN 978-3-86616-175-7

Die Heilgebärden sind im Rahmen der Ausbildung
für spirituelle Heilung inspirativ von der Autorin
Barbara Schenkbier empfangen und ausgestaltet
worden. Sie sind für jeden leicht durchzuführen.
Achtsame Gebärden und Haltungen öffnen den
Übenden für den Strom der Heilenergie aus dem
heilenden Feld. Dynamische Bewegungen und Energiemassage aktivieren die Lebensenergie, so dass der Körper und die Feinstoffebenen durchströmt und geheilt werden. In der wachen Vergegenwärtigung der
strömenden Heilkraft und in den Meditationen werden auch Geist und Seele
angesprochen und wichtige spirituelle Grundhaltungen wie Achtsamkeit, Hingabe und Demut entfaltet.

Heilende Achtsamkeit
**Sich bewusst von körperlichen
und seelischen Schmerzen befreien
Hans Vater**

Taschenbuch, 168 Seiten, ISBN 978-3-86616-146-7

Wie kann man körperliche und seelische Schmerzen selbst lindern oder gar heilen? Der Philosoph
und Meditationslehrer Hans Vater zeigt in diesem Buch überzeugend, auch aufgrund eigener
körperlicher und spiritueller Erfahrungen, dass
Schmerzen sich auflösen, wenn man sie intensiv wahrnimmt, sie mutig akzeptiert, sich sogar
bewusst in sie vertieft und sie steigert, bis ein
Umschwung zur Heilung erfolgt. Er analysiert
verschiedene Arten körperlicher und seelischer
Schmerzen, auch schmerzliche Gefühle. Dieses Buch ist ein Selbsthilfe-Ratgeber. Heilende Achtsamkeit wird auch beschrieben als Meditationsform, als Hilfe
zur Karma-Heilung.